MAPAS MENTALES

Tony Buzan

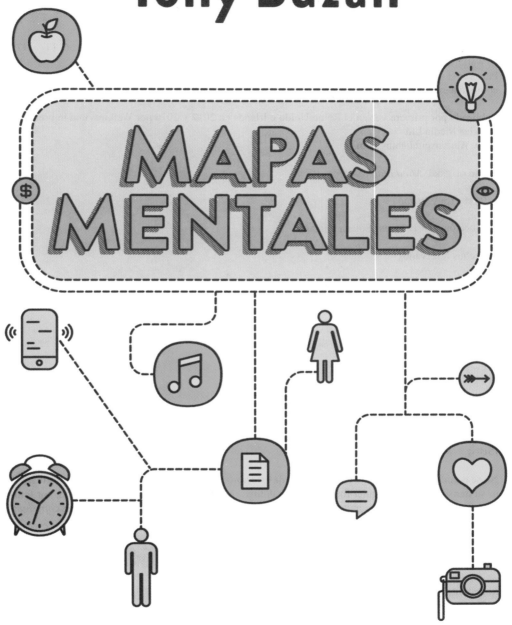

MAPAS MENTALES

Planeta

Diseño de portada: Ramón Navarro / Estudio Navarro
Diseño de interiores: Grafia Editores, S.A. de C.V.
Diseño y tipografía © Watkins Media Limited 2018
Ilustraciones en las páginas 29, 30, 32, 48, 74, 75, 78, 80, 83, 87, 91, 98, 106, 111, 145, 166, 177 y 179
© Watkins Media Limited 2018
Para ver el copyright de otras obras de arte y fotografías, consulte la página 205, que debe considerarse
como una extensión de este copyright

Publicado por primera vez en el Reino Unido e Irlanda en 2012 y 2016 por Watkins, una imprenta de
Watkins Media Ltd
www.Watkinspublishing.com

Título original: *Mind Map Mastery*

© 2018, Tony Buzan

Traducción: Maria Teresa Solana Olivares

Derechos reservados

© 2018, Editorial Planeta Mexicana, S.A. de C.V.
Bajo el sello editorial PLANETA M.R.
Avenida Presidente Masarik núm. 111, Piso 2
Colonia Polanco V Sección
Delegación Miguel Hidalgo
C.P. 11560, Ciudad de México
www.planetadelibros.com.mx

Primera edición en formato epub: julio de 2018
ISBN: 978-607-07-5060-1

Primera edición impresa en México: julio de 2018
ISBN: 978-607-07-5059-5

Impreso en los talleres de Litográfica Ingramex, S.A. de C.V.
Centeno núm. 162, colonia Granjas Esmeralda, Ciudad de México
Impreso y hecho en México – *Printed and made in Mexico*

Índice

Presentación

Durante muchos años he utilizado los mapas mentales. Actualmente viajo por todo el mundo para enseñar a empresarios, figuras públicas y todo tipo de público a mejorar su memoria y sus habilidades cognitivas en su vida personal y profesional. Sin embargo, de niño se me diagnosticó dislexia, y creo que tenía problemas —que hasta cierto punto aún tengo— con la atención. He encontrado que el mapeo mental es una gran fuerza para mantener a raya la distracción del Trastorno por Déficit de Atención. En resumen, me ayuda a mantenerme en la ruta. Los mapas mentales son poderosas herramientas para focalizar y procesar información, elaborar un plan de acción e iniciar nuevos proyectos. En realidad, los mapas mentales son una inmensa guía en todos los aspectos de la vida, ¡y no puedo dejar de recomendarlos lo suficiente!

Además de proporcionar a los lectores los medios para transformar sus propias vidas, el nuevo libro de Tony, *Mapas mentales,* los incluirá en una dinámica comunidad global. Las historias y los ejemplos nos muestran que el mapeo mental es un fenómeno mundial que practica todo tipo de personas. Lo único que tienen en común es su pasión por los beneficios de esta herramienta del pensamiento y el compartirla con otros.

Estoy profundamente agradecido con Tony por haber inventado los mapas mentales, y recomiendo este nuevo libro a todo aquel que desee mejorar su pensamiento y alcanzar el dominio de los mapas mentales por sí mismo.

Dominic O'Brien,
Ocho veces Campeón Mundial
de Memoria y exitoso autor

Prólogo

—Busco libros que traten sobre cómo usar el cerebro.

—Intente aquí —dijo la bibliotecaria, señalando un estante de libros—, en la sección de medicina.

—No —le respondí—, ya he revisado esos títulos y no tengo ningún deseo de operar mi cerebro; sólo deseo aprender a usarlo.

La bibliotecaria me vio de manera inexpresiva. —Temo que no hay libros sobre ese tema —dijo—. Sólo los libros de texto que tenemos aquí.

Salí sintiéndome frustrado y asombrado. En mi segundo año en la universidad estaba en busca de nuevas formas de lidiar con una mayor carga de trabajo académico, ya que mis métodos de estudio sencillamente no estaban dando los resultados que buscaba. En realidad, mientras más notas tomaba el resultado parecía ser peor. Aunque aún tenía que valorar los límites del pensamiento lineal, ese día caí en la cuenta de que mi llamado problema en realidad representaba una increíble oportunidad. Si no había libros sobre cómo utilizar tu cerebro, entonces ése era un campo con un extraordinario potencial de investigación.

En los años siguientes estudié psicología y ciencias generales, neuropsicología, neurolingüística y semántica, teoría de la información, técnicas de memoria y mnemotecnia, así como percepción y pensamiento creativo. Llegué a comprender el funcionamiento del cerebro humano y las condiciones que le permiten desempeñarse a su máximo.

Irónicamente, mi investigación también destacó las deficiencias de mis propios métodos de estudio, al darme cuenta gradualmente de que mis apuntes se basaban en palabras y eran monótonos y aburridos; si tenían una virtud era que su formato lineal ofrecía una manera increíblemente efectiva ¡para entrenarme para ser estúpido! La práctica perfecciona: si practicas perfectamente, tu práctica te hace perfecto. Sin embargo, si practicas mal, la práctica te hace perfectamente malo. Cuando empecé a practicar cada vez más tomar notas de manera lineal y monótona, cada vez fui más y más perfectamente ¡estúpido! Tenía que modificar de manera urgente tanto mi pensamiento como mis actos.

Al estudiar la estructura del cerebro realicé el descubrimiento que buscaba. El hecho de que poseamos un mínimo de cien mil millones de neuronas, cada una de las cuales contribuye a nuestro pensamiento, fue inspirador. Me resultó apasionante que cada una de estas neuronas posea tentáculos que irradian del centro de la célula como ramas de un árbol, y me di cuenta de que podía emplear este modelo como un diagrama para crear una herramienta de pensamiento fundamental.

Ello demostró ser una gran contribución al desarrollo del pensamiento radiante (ver página 33), lo que a su vez condujo al nacimiento del mapa mental.

En su forma más simple, un mapa mental es un intrincado diagrama que refleja la estructura de una neurona con ramas que se expanden de su centro y que evoluciona a través de patrones de asociación. Sin embargo, desde su creación, a mediados de la década de 1960, el mapa mental ha demostrado ser mucho más que un excelente medio para tomar notas: es una forma eficiente y sumamente inspiradora para alimentar nuestros hambrientos intelectos, mentes y espíritus. Se ha desarrollado de manera exponencial y, como verán en este libro, puede aplicarse de muchas formas —desde fomentar la creatividad y fortalecer la memoria hasta contribuir a combatir la demencia.

A través de los años algunos han malentendido el mapa mental, en tanto que otros lo han distorsionado; sin embargo, persevero en mi visión de un mundo en el que cada niño y cada adulto comprenda lo que es un mapa mental, cómo funciona y cómo puede aplicarse en todos los aspectos de la vida.

Este libro aspira a mostrar cómo un buen mapa mental te puede nutrir como individuo, y la manera en la que éste sigue creciendo, expandiéndose y evolucionando con el objeto de encarar los nuevos desafíos que todos enfrentaremos en este planeta.

Y ahora, según nos adentramos en el siglo XXI, el mapa mental se puede consultar y utilizar en formas que reflejan nuestras novedosas y pujantes posibilidades técnicas. Los mapas mentales todavía pueden dibujarse a mano, están disponibles en línea, han sido trazados en la nieve del Ártico, han adornado las laderas de las montañas, e incluso los drones los pueden proyectar en el firmamento.

Acompáñame en esta gran aventura y prepárate para irradiar tu poder mental más allá de lo que lo has hecho hasta ahora.

Tony Buzan

Introducción

¿Por qué es necesario este libro?

Un mapa mental es una revolucionaria herramienta de pensamiento que cuando se llega a dominar transforma tu vida. Te ayudará a procesar información, a tener ideas nuevas, a reforzar tu memoria, a sacarle el máximo partido a tu tiempo de esparcimiento y mejorará la forma en la que trabajas.

Al principio concebí el mapa mental como una forma novedosa de tomar apuntes que podía emplearse en cualquier situación en la que normalmente se tomarían notas lineales, como conferencias, llamadas telefónicas, reuniones de negocios, la investigación y el estudio. Sin embargo, muy pronto fue evidente que los mapas mentales también pueden utilizarse, entre otras cosas, para la innovación en el diseño y la planeación; para ofrecer una aguda visión general sobre un asunto; para inspirar proyectos nuevos; para descubrir soluciones y liberarse de formas de pensar poco productivas. En este libro encontrarás numerosas y apasionantes aplicaciones para los mapas mentales. Incluso pueden utilizarse, por derecho propio, para ejercitar tu cerebro y reforzar el poder de tu pensamiento creativo.

En este libro descubrirás cómo el mapeo mental puede ayudarte a acceder a tus propias inteligencias múltiples y a hacerte consciente de tu verdadero potencial. Los ejercicios prácticos que aparecen en él están diseñados para entrenarte en la forma expansiva de pensamiento, y descubrirás las historias de otras personas, incluyendo a maestros del mapeo mental y expertos de renombre mundial y pioneros en sus campos, cuyas vidas han sido transformadas radicalmente por el mapeo mental.

> Tu cerebro es un gigante durmiente,
> y *Mapas mentales* está aquí para
> ayudarte a ¡despertarlo!

Una nueva forma de pensamiento

Cuando, en la década de 1960 introduje al mundo los mapas mentales, no sospechaba lo que tenía por delante. En las etapas preliminares de mi investigación sobre el pensamiento humano utilicé un prototipo inicial de mapeo mental para mejorar en mis estudios. Éste consistía en una forma de tomar notas en la que combinaba palabras y colores. Evolucionó cuando empecé a subrayar las palabras claves en mis notas y caí en la cuenta de que representaban menos del 10% de lo que había escrito. No obstante, estas palabras claves revelaban conceptos básicos. A través del estudio de los antiguos griegos supe que necesitaba encontrar una manera sencilla de establecer conexiones entre las palabras claves de manera que éstas pudieran memorizarse fácilmente.

Los antiguos griegos desarrollaron una serie de elaborados sistemas de memoria que les permitían recordar perfectamente cientos y miles de hechos. Dichos sistemas dependían del poder de la imaginación y la asociación para hacer conexiones con, por ejemplo, el método de loci. Ésta fue una de las técnicas que los antiguos griegos inventaron para mejorar su memoria, a la que también se le conoce como el Diario de la Memoria, el Palacio de la Memoria o la Técnica del Palacio de la Memoria (ver recuadro).

Me topé con el método de loci durante mi trabajo de investigación sobre los procesos de pensamiento humano, pero en los primeros minutos de mi primer día en la universidad había sido inadvertidamente introducido a otro método mnemotécnico. Se trataba del Sistema Principal —un método fonético desarrollado por el escritor e historiador alemán Johann Just Winckelmann (1620-1699). En la primera clase de mi periodo universitario, un sarcástico profesor, redondo como un barril y con mechones de cabello rojos que le brotaban de la cabeza, entró al salón, y con las manos entrelazadas en la espalda procedió a pasar lista a los estudiantes perfectamente. Si alguien estaba ausente, voceaba su nombre, el nombre de sus padres y la fecha de nacimiento del estudiante, su número telefónico y su dirección. Cuando terminó nos miró con una ceja alzada y una ligera mueca. Menospreciaba a sus estudiantes, pero era un maestro maravilloso —y a mí me enganchó.

Cómo construir un Palacio de la Memoria

Según Cicerón (106-43 a.C.), el retórico romano, la técnica de memorización espacial conocida como método de loci (o lugares, del latín *loci*) fue descubierta por un poeta lírico y *sophos* (sabio) griego llamado Simónides de Ceos (*ca.* 556-ca. 468 a.C.).

En su diálogo *De Oratore*, Cicerón narra que Simónides asistió a un banquete para representar un poema en honor del anfitrión. Poco después de haber representado el poema fue llamado al exterior, y mientras salía el techo del salón en donde se celebraba el banquete de pronto se colapsó, causando la muerte del resto de los invitados. Algunos cuerpos estaban tan destrozados que no era posible reconocerlos, lo que representaba un gran problema, ya que era necesario identificarlos para que se pudieran llevar a cabo las debidas ceremonias fúnebres. Sin embargo, Simónides pudo identificar a los muertos dibujando en su memoria visual en qué lugar se había sentado cada uno de los invitados en torno a la mesa del banquete.

A partir de esta experiencia, Simónides comprendió que todos podían mejorar su memoria al seleccionar emplazamientos y construir imágenes mentales de las cosas que querían recordar. Si se almacenaban las imágenes de los lugares visualizados en un orden particular, entonces sería posible recordar cualquier cosa mediante el poder de la asociación. El resultante método de loci se describió en muchos tratados retóricos de la Grecia y Roma antiguas, y actualmente es más conocido entre nosotros como el Palacio de la Memoria.

Cuando, después de la primera clase le pregunté cómo se las había arreglado para realizar tan extraordinaria proeza de memoria, se rehusó a responderme diciendo solamente: "Hijo, soy un genio". Durante los siguientes tres meses lo puse a prueba hasta que un día decidió compartirnos su secreto y nos enseñó el Sistema Principal. Esta técnica mnemotécnica emplea un sencillo código que convierte los números en sonidos fonéticos. Dichos sonidos después pueden ser transformados en palabras, y las palabras convertidas en imágenes con las cuales amueblar el Palacio de la Memoria.

Mi nuevo método para tomar apuntes se benefició de mi creciente comprensión de los sistemas mnemotécnicos y simplificó radicalmente la práctica de los antiguos griegos al utilizar el color para establecer vínculos entre conceptos interrelacionados. Si bien aún tenía que evolucionar hacia un mapa mental hecho y derecho, sin duda era más efectivo en la coincidencia de los resultados que los simples apuntes lineales, los que en comparación eran monocromáticos, monótonos y poco variados. Si tomas notas y sólo utilizas tinta negra o azul, el efecto sobre la página es anticipadamente aburrido, lo que significa que tu cerebro se desconectará, decaerá y finalmente se irá a dormir. ¡Ello explica por qué "la enfermedad del sueño" con frecuencia asuela los salones de clases, las bibliotecas y las reuniones!

Complacido por el éxito de mi nuevo método, como pasatiempo empecé a tener alumnos a los que enseñaba mis técnicas. Muchos de mis estudiantes habían sido considerados fracasos académicos y fue gratificante ver que rápidamente empezaban a mejorar sus calificaciones y a superar a sus compañeros.

Los pasos siguientes

Durante las etapas subsecuentes de mi desarrollo de los mapas mentales, empecé a pensar con mayor detalle en la jerarquía que gobierna nuestros patrones de pensamiento, y me di cuenta de que hay

ideas clave ➡ ideas clave clave ➡ ideas clave clave clave

Revoloteando en torno a los "Diagramas de Buzan"

Jezz Moore era un estudiante preparatoriano problemático cuando asistió a una conferencia sobre un nuevo método de aprendizaje llamado "Diagramas de Buzan". El conferencista explicó cómo escribir un tema en el centro de la página y después llenar el área que lo rodea con "palabras claves" y "apuntes" que estuvieran entrelazados con líneas de conexión, evitando de esta manera la necesidad de memorizar listas elaboradas. A Jezz le impresionó lo sencillo pero efectivo que era este método. De ser un alumno de bajo rendimiento, estudió economía y política en la universidad, y después de cursar estudios de posgrado en finanzas comparadas, obtuvo una Maestría en Administración de Negocios [MBA, por sus siglas en inglés].

Unos años más tarde, se encontraba en una cena en un club de remo. En la conversación surgió el tema del aprendizaje y la educación y Jezz —estimulado por su pasión por la técnica que había transformado sus estudios, así como una o dos copas de vino— empezó a sermonear al invitado que se sentaba a su lado diciéndole que "ser listo es fácil". Invitó a sus contertulios a interrumpirlo si iba muy rápido, y explicó la manera en que funcionaba la técnica y amablemente esbozó un diagrama en una servilleta de papel diciendo: "Ahí los tienen... los Diagramas de Buzan". Pasó un momento antes de que el invitado dijera: "¿Se da cuenta de que yo soy Tony Buzan?".

Me complació mucho escuchar de primera mano cómo mis métodos de apuntes habían ayudado a cambiar la vida de Jezz, y desde entonces Jezz y yo somos los mejores amigos. En los años siguientes utilicé las técnicas del mapeo mental para ayudar a Jezz a entrenar a atletas que remaban por Gran Bretaña y fueron medallistas olímpicos.

De esta manera descubrí el poder del pensamiento radiante, el que explicaré con más detalle en el Capítulo 1 (ver página 33). En la medida en que mi comprensión aumentó, gradualmente empecé a construir la estructura de los mapas mentales empleando conectores como flechas, códigos y líneas curvas. Una reunión que fue crucial con la talentosa paisajista australiana Lorraine Gill, me ayudó a formular los siguientes pasos, cuando me desafió a retomar el papel que las imágenes y los colores desempeñaron en la estructura de los mapas mentales. Sus observaciones inspiraron la manera en la que se emplean las imágenes en los mapas mentales actualmente.

Cuando comparé mis técnicas en evolución con las notas hechas por figuras históricas como los artistas renacentistas Leonardo da Vinci (1452-1519) y Miguel Ángel (1475-1564), y científicos como Madame Curie (1867-1934) y Einstein (1879-1955), encontré ciertos paralelismos interesantes en la manera en la que ellos empleaban dibujos, códigos y líneas interconectadas: sus palabras y diagramas explotan en todas direcciones en la página, deambulan libremente en la dirección que toman sus pensamientos, más que permanecer adheridos a una línea recta horizontal. (Véase también **Una breve historia del pensamiento que está detrás de los mapas mentales**, página 41). Sin embargo, las experiencias de la vida real de mi creciente número de alumnos, clientes y colegas sugerían que las técnicas que estaba desarrollando eran tan accesibles que podían ayudar a personas de todos los estratos sociales: no tenías que ser un genio de nivel mundial con descubrimientos sin precedentes para beneficiarte de ellas.

Los mapas mentales son analíticos en el sentido de que los puedes emplear para resolver cualquier problema. Mediante el uso de la lógica asociativa, profundizan justo en el meollo de la cuestión. También te permiten tener un panorama más amplio. Por un lado, son microcósmicos y por el otro macrocósmicos.

Conservarlo natural

En el **Prólogo** describí cómo, en el transcurso de mi investigación, me impactó la forma de una sola célula del cerebro: unas notas en forma de diagrama muchas veces parecían imitar, si bien involuntariamente, la estructura orgánica de una neurona, con ramas conectoras que parten de un núcleo.

Mientras reflexionaba sobre esto hacía largas caminatas en la naturaleza, en donde mis pensamientos y mi imaginación se sentían con libertad para divagar. Caí en la cuenta de que, al ser los humanos parte de la naturaleza, nuestro pensamiento y el tomar notas también deben reflejarla en cierto modo: debemos reflejar las leyes de la naturaleza en todo nuestro desempeño humano, especialmente cuando se trata de sacar del cerebro lo que se encuentra en él.

Gradualmente, mis técnicas evolucionaron en una herramienta de pensamiento que podía aplicarse a toda una gama de actividades humanas cotidianas y que evidenciara la creatividad y el esplendor de nuestros procesos de pensamiento. El resultado fue el primer mapa mental verdadero.

Toma de apuntes convencional *vs.* mapeo mental

El siguiente recuadro muestras las características principales de un conjunto de apuntes lineales en comparación con los del mapeo mental.

Toma de apuntes convencional	Mapeo mental
Lineal	Multidimensional
Monocromático	Colorido
Basado en palabras	Las palabras se combinan con imágenes
Enumeración lógica	Asociación lógica
Consecutivo	Multidimensional
Limitado	Imaginativo
Desorganizado	Analítico

Yendo hacia adelante

Hoy en día las personas en todo el mundo están familiarizadas con el concepto de mapeo mental. Además de las conferencias sobre este tema, se han realizado campeonatos mundiales de mapeo mental en Reino Unido, Singapur, China y muchos otros países. Durante dichos campeonatos se examinan varias disciplinas. Por ejemplo, se invita a los competidores a crear mapas mentales mientras escuchan una conferencia, sobre un tema desconocido o sobre un texto previamente establecido. Los resultados se califican de acuerdo con 20 criterios diferentes, como el impacto de las imágenes, el empleo del humor (por ejemplo, juegos de palabras), el atractivo y la originalidad del mapa mental, y si éste cumple con los principios fundamentales de la teoría.

Con la propagación del mapa mental y la consecuente mejoría en la alfabetización mental global podría asumirse que el caso del mapeo mental ha concluido hasta ahora, es decir, que está protegido y seguro y que queda muy poco qué decir sobre él. Sin embargo, por desgracia ése no es el caso.

Si bien es cierto que ha habido algunos resultados maravillosos respecto de mi sueño original de que cada hombre, mujer y niño pudiera descubrir los beneficios del mapeo mental, también ha habido algunos problemas. En décadas recientes el mapa mental a veces ha sido malinterpretado y mal empleado por aquellos que se hacen pasar por profesores formados en el arte del mapeo mental, pero cuya comprensión del proceso resulta completamente deficiente, y cuya práctica, por tanto, no cumple con las principales leyes del mapeo mental que el lector encontrará en el Capítulo 2 (ver página 58). Creo que cada vez que el mapeo mental se enseña incorrectamente, se corre el riesgo de que la pureza y el poder del mapa mental se deterioren.

Afortunadamente, sin embargo, el mapa mental es un ente fuerte. Después de todo es una forma de pensamiento evolutiva, que se adapta perfectamente a los requerimientos de nuestra era digital —y más allá de ella.

Cómo utilizar este libro

Mapas mentales te mostrará cómo utilizar esta poderosa herramienta en tu propia vida dondequiera que ésta te lleve. Está estructurado de manera que puedas leerlo de principio a fin y para que también puedas echar mano de él como una referencia constante.

El **Capítulo 1. ¿Qué es un mapa mental?** te introducirá en los principios fundamentales que constituyen el mapa mental, al establecer sus elementos claves y explicar por qué el mapeo mental funciona. Este capítulo también esboza una breve historia del mapa mental desde las primeras civilizaciones hasta nuestros días.

El **Capítulo 2. Cómo trazar un mapa mental** ofrece ejercicios prácticos, sugerencias útiles y entrenamiento para emplear el mapeo mental de manera efectiva. Establece las leyes del mapeo mental y analiza aplicaciones prácticas de los mapas mentales en la vida diaria, incluyendo el hogar, el trabajo, la educación, la creatividad, el bienestar y la memoria.

El **Capítulo 3. ¿Qué *no* es un mapa mental?** aclara algunos malentendidos sobre lo que es y lo que no es un mapa mental, y aspira a enfrentar cualquier confusión en torno a esta increíble herramienta.

El **Capítulo 4. Encontrando soluciones**, examina los pasos a seguir si estás tratando de crear mapas mentales que en apariencia no parecen funcionar. Aborda temas relacionados con el mapeo mental y la indecisión, y ofrece ejercicios sobre el tema.

El **Capítulo 5. Las infinitas aplicaciones de los mapas mentales** explican el increíble alcance de estos y cómo pueden utilizarse en un nivel más avanzado. Ofrece orientación adicional y reflexiones estimulantes sobre cómo usar los mapas mentales de manera innovadora para transformar nuestra vida diaria.

El **Capítulo 6. El futuro del mapeo mental** lo analiza en la era digital y su relación con la inteligencia artificial, a la par que mira hacia el futuro.

No puedo concebir mi vida sin mapas mentales. Los utilizo cada día, ya sea que esté impartiendo conferencias, planeando mi semana o escribiendo artículos y libros. Han transformado mi vida de muchas maneras que no hubiera concebido que fueran posibles. Creo que este libro puede hacer lo mismo por ti.

Aquellos para los que esta técnica es completamente nueva están a punto de descubrir una asombrosa herramienta que tiene la capacidad de sorprenderlos. Para los que ya están familiarizados con el mapeo mental, si bien este libro no pretende reinventar la rueda de los mapas mentales, sin duda colocará poderosas llantas nuevas en ellos y los llevará a lugares que nunca imaginaron.

Es el momento de embarcarte en tu propia aventura de mapeo mental y descubrir el increíble poder de tu cerebro…

1

¿Qué es un mapa mental?

Este capítulo presenta el maravilloso mundo de los mapas mentales. Explica qué es exactamente un mapa mental y los elementos claves que constituyen esta increíble herramienta de pensamiento, así como los pasos esenciales para crear uno. Descubrirás el lugar que ocupan los mapas mentales en la historia, y cómo se relacionan con el funcionamiento del cerebro humano. Pero lo más importante, empezarás a comprender de qué manera los mapas mentales te permiten liberar tus verdaderas capacidades.

Pensar con todo el cerebro

La belleza, así como el impacto de esta herramienta de pensamiento holístico, radica en su sencillez. Sobre el papel es un diagrama visual lleno de color que se emplea para recoger información. Sin embargo, lo hace de una manera que recurre al funcionamiento cortical del cerebro. Activa el pensamiento de "todo el cerebro", que implica tanto el lado izquierdo lógico, como su creativo hemisferio derecho.

El concepto de las dos formas divididas de pensamiento del cerebro fue popularizado primero por la artista estadounidense Betty Edwards en su libro pionero *Drawing on the Right Side of the Brain* [Dibujar con el lado derecho del cerebro]. Publicado en 1979, el libro se basa en el conocimiento de la doctora Edwards de las neurociencias, en particular el trabajo del Premio Nobel doctor Roger W. Sperry (1913-1994), a partir del cual introduce una revolucionaria forma de dibujo y enseñanza. Argumenta que el cerebro tiene dos formas de percibir y procesar la realidad: el lado izquierdo es verbal y analítico, en tanto que el derecho es visual y perceptivo. Su método de enseñanza está diseñado para desviar la censura del analítico lado izquierdo y liberar la expresividad del hemisferio derecho. Fundó el Centro para la Aplicación Educativa de la Investigación del Hemisferio Izquierdo Cerebral, y su trabajo actualmente continúa influyendo en artistas y maestros en todo el mundo.

Cerebro izquierdo
Lógico
Números
Secuencia
Análisis
Palabras
Listas

Cerebro derecho
Conciencia
espacial
Imaginación
Color
Conciencia
holística
Soñar despierto
Dimensión

Funciones controladas por el cerebro izquierdo y el cerebro derecho

Cómo crear un mapa mental

Entonces, ¿cómo se ve un mapa mental en la práctica? Empecemos elaborando un mapa mental básico.

Empecemos
Necesitarás:

- ✔ Una hoja grande de papel blanco
- ✔ Una variedad de lápices o plumones de colores
- ✔ Un cerebro
- ✔ Una mente abierta
- ✔ Imaginación
- ✔ Una materia que desees investigar

Un buen mapa mental tiene tres características básicas:

1. **Una imagen central** que plasme el núcleo del tema bajo estudio. Por ejemplo, si emplearas un mapa mental para planear un proyecto, puedes colocar el dibujo de un fólder en el centro. No se requiere de ninguna habilidad específica para crear un buen mapa mental.
2. **Ramas gruesas que irradien** de la imagen central. Estas ramas representan los temas más importantes relacionados con el asunto principal, y cada una debe tener un color diferente. A su vez, de las ramas principales brotan ramas adicionales —ramitas, si se quiere— que constituyen el segundo y tercer niveles, que se relacionan con temas complementarios.
3. Sobre cada rama se coloca **una sola imagen o palabra clave.**

Paso 1

Coloca la hoja de papel frente a ti de manera horizontal. A continuación, usa por lo menos tres colores diferentes para dibujar una imagen exactamente en el centro de la hoja que represente el tema que vas a tratar, el cual en este ejemplo son las obras de teatro de William Shakespeare (1564-1616). Si no deseas dibujar la cabeza del Bardo, puedes trazar una pluma de ave o cualquier otro símbolo que desees. La imagen central activará tu imaginación y detonará asociaciones en tus pensamientos. Si deseas una palabra en el centro, haz que ésta se vea multidimensional y combínala con una imagen.

Paso 2

Ahora selecciona un color y traza una rama gruesa que surja de la imagen central, como el retoño de un árbol. Puedes lograrlo trazando dos líneas que irradien del centro y se conecten en la punta. Deja que la rama se curve en forma orgánica, ya que esto será visualmente atractivo y por tanto más interesante para el cerebro, y permitirá que memorices con mayor facilidad la información de la rama. Sombréala. Su grosor representa el peso de esta asociación en la jerarquía de tu mapa mental.

Paso 3

Rotula la rama con una sola palabra en mayúsculas. Como el mapa mental trata sobre las obras teatrales de Shakespeare, puedes escribir sobre la primera rama COMEDIA O TRAGEDIA O HISTORIA. Opcionalmente, en vez de escribir una palabra, puedes dibujar una máscara, una daga o una corona.

1

2

3

4

5

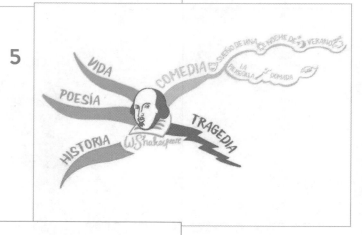

6

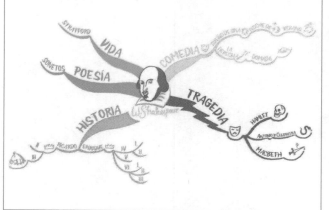

Paso 4

Saca ramas secundarias de la rama principal. Después dibuja otras en el tercer nivel que se propaguen de las ramas secundarias. Escribe palabras claves en todas las ramas o dibuja símbolos, o una combinación de ambos. Dale a cada símbolo su propia rama. No hay que precipitarse: al principio deja algunas ramas vacías, ya que esto inspirará naturalmente a tu cerebro a llenarlas.

Paso 5

Toma otro color y dibuja tu siguiente rama principal alrededor de la imagen central. (Muchos principiantes encuentran más fácil trabajar alrededor del centro en el sentido de las manecillas del reloj, pero haz lo que más te convenga). Como hiciste antes, dibuja ramas en los niveles segundo y tercero a partir de esta nueva rama y etiquétalas. Continúa añadiendo ramas hasta que tengas cinco o seis para trabajar con ellas.

Paso 6

Ahora que ya tienes las ramas principales, muévete con libertad alrededor de tu mapa mental, saltando de rama en rama, llenando huecos y añadiendo sub-ramas en la medida en que te surjan ideas o asociaciones.

Paso 7

Si lo deseas, añade flechas, *líneas* curvas o vínculos entre las ramas principales para reforzar *las conexiones* entre ellas.

Y *voilà*, has creado tu primer mapa mental.

7

Llevándolo más allá

El ejemplo que muestro aquí es, todavía en esta etapa, un trabajo en progreso, y puede abarcar las 37 obras de Shakespeare, sus sonetos y sus poemas narrativos, así como hechos claves relacionados con su vida y su época. Si te interesa la dramaturgia —o si te gustan los retos—, puedes intentar completar tu propia versión de este mapa mental. Entonces, una vez que hayas memorizado la información que contiene, tendrás al alcance de tu mano información sobre uno de los escritores más famosos del mundo, y podrás impresionar a tus amigos con tu conocimiento sobre el Bardo.

Dado que el mapeo mental involucra el funcionamiento de ambos lados del cerebro, es multifuncional y puede aplicarse a todas las funciones cognitivas, incluyendo la memoria, la creatividad, el aprendizaje y todas las formas de pensamiento. Ésta es una de las razones por las que ha sido descrito como "la navaja suiza del cerebro". Es útil, práctico y divertido.

Los ingredientes esenciales

Hemos visto cómo un mapa mental puede tomar un concepto y desmenuzarlo de manera creativa y eficiente, permitiéndonos descubrir nuevas asociaciones y forjar conexiones entre ideas de forma memorable. Sin embargo, ¿cuáles son, específicamente, los ingredientes claves que hacen que el mapeo mental sea una herramienta de pensamiento tan poderosa?

Si bien ya hemos tocado algunos de estos elementos, vale la pena explorar los ingredientes principales con mayor detalle: el pensamiento radiante, el flujo orgánico no lineal, el color, las imágenes y las palabras.

Pensamiento radiante

El pensamiento radiante juega un papel central en la formación de los mapas mentales, pero antes de que lo exploremos, me gustaría plantear una pregunta rápida:

¿Cuál es tu lenguaje primario?

Sólo quédate con ese pensamiento. Y prepárate para percatarte de que tu respuesta está equivocada.

Ahora, permíteme introducirte a un maravilloso juego mental que ya ha cambiado la vida de miles de personas en todo el mundo.

Te pregunté sobre tu lenguaje primario; piensa en tu respuesta. Con toda seguridad, la respuesta que diste está equivocada. Tu lenguaje primario no es el español, el holandés o el cantonés o una de las 7,096 lenguas mencionadas en el catálogo *Ethnologue*.

Tu lenguaje primario es el lenguaje humano mismo, que es compartido por toda la humanidad y es el lenguaje natural de los bebés en el seno materno.

De hecho, desde el nacimiento todos hablamos con fluidez el lenguaje humano. Desde que nacemos hasta cerca de los cuatro meses, un bebé se empieza a enfocar en objetos que están a 20-25 cm, la distancia del rostro del padre o la madre. Para la mayoría de los bebés, la primera imagen central que tienen del mundo es la cara de su madre, e irradiando de la imagen central del rostro de la madre están incontables asociaciones que tienen que ver con el amor, el calor, la salud, el sueño y la sobrevivencia. De esta manera, desde el nacimiento estamos programados para percibir el mundo a través del mapeo mental.

El lenguaje humano es el lenguaje del funcionamiento del cerebro y está conformado fundamentalmente por una combinación de las facultades de "imaginación" y "asociación", con una sub-rama de "ubicación". (La importancia de la ubicación explica por qué la posición de las ramas de tu mapa mental te ayuda a memorizarlas).

Todos los idiomas hablados y escritos son bellos, importantes y vitales. Sin embargo, son lenguajes secundarios o sub-rutinas. El lenguaje humano, compuesto por imaginación y asociación, es *el* lenguaje primario de nuestra especie. Observa la ilustración en la página opuesta. Ésta representa la forma en la que tu cerebro y el de cualquier otro ser humano piensa. Asombroso, ¿no?

Al reaccionar ante la palabra "piña" a través de múltiples asociaciones espontáneas, acabas de demostrar las formas en las que tu cerebro ofrece un infinito número de oportunidades de pensamiento, memoria y creatividad. ¡Tu pensamiento es radiante! Tiene un número infinito de radiales, y cada radial tiene la habilidad de subdividirse en otro número infinito de radiales, el proceso continúa hasta el infinito.

El lenguaje humano se puede exteriorizar. Y cuando se exterioriza en su forma más pura, crea un mapa mental.

Al igual que la multitud de floretes en un diente de león, tu pensamiento irradia hacia afuera creando asociaciones de asociaciones.

Autoexamen

A continuación, te daré una palabra y te pediré que cierres los ojos y permitas que la superbiocomputadora de tu cerebro se implique. Luego, una vez que hayas leído la palabra, observa cuánto tardas en comprenderla, qué información te provee acerca de ella, y si hay colores o asociaciones conectadas a ella. Aquí vamos...

La palabra es:
PIÑA

¿Tu supercomputadora te ofreció una bonita impresión de las letras
P-I-Ñ-A

deletreadas cuidadosamente? Creo que no...
Rápidamente anota tus respuestas a lo siguiente:

- ¿Qué te dio tu supercomputadora?
- ¿Cuánto se tardó tu computadora para tener acceso a esta información?
- ¿Qué asociaciones hizo?
- ¿Qué más llegó a tu mente?
- ¿Qué colores se relacionaron con ella?
- ¿Te hizo pensar en algo más, como textura, gusto, olor o ubicación?

Mi pronóstico es que recibiste una imagen, o incluso un grupo de imágenes con asociaciones y colores multisensoriales.

Si ése fue el caso, ¡bienvenido a la raza humana!

Al permitir que las ideas irradien desde nuestro concepto central, el mapa mental alienta una respuesta sumamente personalizada a un concepto. Su estructura radiante facilita descubrir conexiones entre diferentes ramas del mapa y generar asociaciones frescas con objeto de llenar espacios en blanco, y, por lo tanto, nos alienta a pensar creativamente durante más tiempo.

Flujo orgánico no lineal

Antes describí cómo, cuando era estudiante, me di cuenta de que el tomar notas linealmente era un medio muy efectivo de entrenarme para ser un estúpido. El pensamiento lineal, como añadir nuevos elementos a una lista en secuencia lineal, en realidad limita el pensamiento. Según vas descendiendo en una lista, por ejemplo, tu creatividad empieza a disminuir y dejas de pensar de manera imaginativa o inventiva. En consecuencia, la linealidad muy probablemente debilitará tu habilidad para acceder a, o retener toda la información de la que dispones.

Sócrates, el moscardón de Atenas

El filósofo clásico griego Sócrates (*ca.* 470-399 a.C.) dijo célebremente: "La vida sin examen no merece la pena ser vivida". Aunque algunos veían a Sócrates más como un sátiro que como un hombre, unos cuantos se disputaban el esplendor de su mente. Apremiaba a los ciudadanos de Atenas a pensar profundamente, y al igual que un moscardón, "aguijoneaba" al Estado para que cumpliera con sus deberes. Demostró el valor de desmenuzar una idea, capa por capa. El mapa mental, que puede usarse para explorar una idea en su totalidad por medio de sus ramificaciones, también se sustenta sobre el principio de apegarse a un pensamiento a través de todas sus ramas.

El cerebro humano no piensa en barras de herramientas, menús o listas; piensa orgánicamente.

Imagina las nervaduras de una hoja, las ramas de un árbol o incluso la compleja red del sistema nervioso humano: así es como piensa el cerebro. Por lo tanto, para pensar bien, el cerebro necesita una herramienta que refleje un flujo orgánico natural, que es donde entra la estructura del mapa mental por derecho propio.

El mapa mental señala el paso siguiente en la progresión del pensamiento lineal ("unidimensional") al pensamiento lateral ("bidimensional") hasta el multidimensional del pensamiento radiante.

Los mapas mentales imitan la miríada de sinapsis y conexiones de nuestras neuronas, y, por lo tanto, reflejan la forma en la que nosotros mismos somos creados y conectados (ver también **Mapas mentales internos**, página 51). Al igual que nosotros, el mundo natural está cambiando y regenerándose constantemente, y posee una estructura de comunicación que refleja la nuestra. Por tanto, un mapa mental es una herramienta de pensamiento que se basa en la inspiración y efectividad de estas estructuras naturales. Sus propiedades orgánicas se encarnan en la naturaleza curvilínea de sus ramas, las que, como hemos visto, se parecen más al cerebro que las líneas rectas.

El color

Cuando, como estudiante, introduje dos colores diferentes en mis apuntes, mejoré mi memoria en más del cien por ciento. ¿Por qué ocurrió esto?

El color se relaciona con el lado derecho del cerebro, mientras que las palabras se asocian con el racional hemisferio izquierdo. Por tanto, una combinación de colores y palabras involucra el funcionamiento de ambos lados del cerebro.

A esto se añade que la introducción del color me hizo disfrutar del proceso de tomar notas —y la diversión es una parte vital del mapeo mental—. Los colores estimulan la memoria y la creatividad y nos liberan de la trampa de la monotonía monocromática. Les dan vida a las imágenes y las hacen más atractivas. Nos pueden estimular a que exploremos y tienen impacto en la manera en la que nos comuniquemos con los demás. Numerosos estudios muestran cómo un meditado empleo del color puede:

- **Capturar la atención.**
- **Mejorar considerablemente la comprensión.**
- **Motivar.**
- **Alentar una comunicación dinámica.**
- **Incrementar el procesamiento y almacenamiento mental de imágenes.**

El color también puede actuar como un código. Si empleas diferentes colores para representar distintas áreas y temas en un mapa mental, crearás una taquigrafía visual que te permitirá memorizar la información con mayor facilidad, y mejorará significativamente tu recuerdo.

En 1933, la psiquiatra y pediatra alemana Hedwig von Restorff (1906-1962) realizó un estudio en el cual encontró que los participantes recordaban mejor objetos que de alguna manera destacaban de lo que los rodeaba. Imagina, por ejemplo, una lista de nombres de niño que incluya el nombre femenino de "Heidi" subrayado en naranja. Hay muchas probabilidades de que recuerdes "Heidi", ya que sobresale del contexto, pues al ser un nombre de niña está en un color diferente.

En los mapas mentales el color y los símbolos se pueden emplear igualmente para activar el efecto Von Restorff, o "efecto de aislamiento", como también se le conoce, al hacer que diferentes ramas sobresalgan de su entorno de alguna manera.

¡Llena la vida de color con mapas mentales!

Imágenes
Cuando somos niños por lo general aprendemos a dibujar antes que a escribir. La historia de las marcas humanas tiene paralelos con este proceso a partir de las primeras marcas hechas por el hombre en las cuevas, las que

evolucionaron durante miles de años —por medio de pictogramas y jeroglíficos— hasta el mundo de la escritura. (Ver **Una breve historia del pensamiento que está detrás de los mapas mentales** más adelante).

A diferencia de las palabras, las imágenes tienen inmediatez sobre ellas: el cerebro procesa la información visual 60,000 veces más rápido que un texto. Además de esto, las imágenes estimulan la imaginación, son ricas en asociaciones y trascienden los límites de la comunicación verbal. (Sólo piensa en la efectividad de las señales viales en todo el mundo). Al igual que el color, éstas fomentan la armonía entre los lados derecho e izquierdo del cerebro y equilibran nuestras habilidades lingüísticas con las habilidades visuales. También emplean otras habilidades corticales, como la forma, la línea y la dimensión.

El dicho "una imagen vale más que mil palabras" ha sido comprobado científicamente por gente como los psicólogos estadounidenses Ralph Haber y Raymond S. Nickerson. Las imágenes realmente son más efectivas que las palabras para involucrar a nuestros cerebros. Para que las imágenes de tu mapa mental sean incluso más impactantes, mantenlas frescas, coloridas y claras. Esto las hará atractivas, cautivadoras y memorables.

Palabras

Un genuino mapa mental emplea palabras solas en sus ramas. Esto se debe a que las palabras solas tienen más efecto que una frase, ya que cada palabra individual detonará su único y exclusivo juego de asociaciones, y por lo tanto generará nuevas ideas. En comparación, una frase es una entidad fija, atrapada en su significado compuesto más que abierta a la libre asociación, y, por tanto, su impacto se diluye.

Si crees que tienes la imperiosa necesidad de emplear una frase, descomponla de manera que cada palabra dentro de la frase se ensarte por separado en la rama y tenga la libertad de hacer brotar sus propias sub-ramas. Mejor todavía, atente a palabras solas.

Una sola palabra por rama en tu mapa mental hará que tu cerebro se involucre realmente con el tema y vaya al meollo del asunto. Le dará a tu cerebro un gancho en el cual colgar un recuerdo.

Una breve historia del pensamiento que está detrás de los mapas mentales

Como todo lo que nos impresiona por su completa originalidad, su diferencia o su innovación, el mapa mental no surgió totalmente de la nada, o aterrizó en este planeta como una especie de nave extraterrestre. Como ha quedado claro a estas alturas, no me desperté una mañana y por capricho inventé el mapa mental. Éste es una evolución orgánica del pensamiento humano.

Los mapas mentales surgen naturalmente del proceso mediante el cual los seres humanos han intentado, desde tiempos ancestrales, emplear su imaginario para compartir sus más íntimos pensamientos. De hecho, se pueden rastrear las raíces del mapa mental hasta las primeras marcas hechas deliberadamente por los primeros artistas en los muros de las cuevas, hace aproximadamente 40,000 años. El arte y la escritura son expresiones del pensamiento hecho visible, y las actitudes hacia estas prácticas, así como el equilibrio entre ellas, ha influido en la expresión de las ideas a lo largo de la historia, desde la Edad de Piedra has el siglo XXI.

Arte rupestre

La invención de la expresión simbólica fue una de las grandes innovaciones en la historia de la humanidad. Una temprana forma de arte apareció por medio de

Impresiones a mano, posiblemente con una antigüedad de 9,000 años, en la Cueva de las Manos, Santa Cruz, Argentina.

impresiones de manos. Existe una teoría según la cual, al utilizar pigmentos para trazar el contorno de manos en las paredes de las cuevas, nuestros ancestros descubrieron que un objeto tridimensional se podía representar por una línea bidimensional. Después representaron animales como caballos, bisontes y venados en pinturas rupestres.

Escritura cuneiforme sumeria

Registro administrativo en escritura cuneiforme sumeria, la escritura más antigua del mundo.

En *ca.* 3,500 a.C. los sumerios desarrollaron una primitiva forma de contabilidad sobre tablas de arcilla, con el objeto de llevar las cuentas de su producción agrícola y ganadera. Redujeron los esbozos de los animales a pequeñas líneas y formas que se transcribían de manera similar. Estos pictogramas sentaron la base de la antigua escritura conocida como *script* o cursiva.

Jeroglíficos egipcios

Los jeroglíficos que se desarrollaron en la Segunda Dinastía del antiguo Egipto (*ca.* 2890-2670 a.C.) se basaban en imágenes. En tanto algunos representaban los objetos que describían, era más común que estos se emplearan

Jeroglíficos en la tumba de Tutmosis III en el Valle de los Reyes, Luxor, Egipto.

como fonogramas. Lo que significa que sus sonidos coinciden con el significado más que con sus formas. Ello condujo a una división entre una palabra tal como ésta aparece visualmente y el objeto al que se refiere, lo que permitió el estudio de conceptos abstractos y otorgó peso fresco al poder de asociación en el desarrollo de las ideas.

Copia romana de la Afrodita de Cnido, del escultor griego Praxíteles.

Antigua Grecia

En el curso de varios siglos, los antiguos griegos refinaron el lenguaje visual del pensamiento, como es evidente en la evolución de su arte: de sus estáticos y formales *kuroi* del Periodo Arcaico pasaron a las figuras humanas más realistas creadas por escultores como Praxíteles en el siglo IV a.C. Se cree que este artista revolucionario fue el primero en representar la figura femenina desnuda en una estatua aislada y de tamaño natural.

La aproximación tridimensional de los antiguos griegos al mundo y que cuestiona nuestro lugar en él, se reflejó en el trabajo de muchos pensadores como Euclides (*ca.* 300 a.C.), Arquímedes (*ca.* 287-212, a.C.), Eratóstenes (*ca.* 275-194 a.C.), Sócrates (*ca.* 469-399 a.C.), Platón (*ca.* 429-347 a.C.), Aristóteles (*ca.* 384-322 a.C.), y Fidias (siglo V a.C.). Estos innovadores no aceptaban el mundo tal cual era, por lo que forzaron las fronteras del pensamiento de algún modo en la forma en la que el mapa mental nos lo permite en nuestros días.

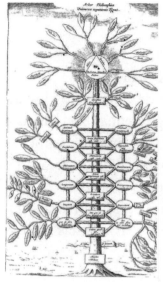

Arbor Porphyriana del filósofo del siglo VI Boecio.

Diagramas arborescentes

Aunque la caída del Imperio Romano tuvo lugar en el siglo V de nuestra era, el latín continuó ejerciendo influencia en el pensamiento occidental. Su adopción y adaptación por la Iglesia cristiana reforzó la creencia cultural en la superioridad de la palabra escrita como el primer canal para el pensamiento, la creatividad y la comunicación. Sin embargo, filósofos como Boecio (*ca.* 480-524/525) utilizaron diagramas arborescentes, como el *Arbor Porphyriana*, como instrumentos de enseñanza para explorar categorías; también se emplearon elaborados dibujos del Árbol de Jesé —que enumeraba a los ancestros de Cristo— que mezclaban palabras e imágenes, como ayudas mnemotécnicas.

Leonardo da Vinci

Artista e inventor renacentista, Leonardo da Vinci (1452-1519) ocupa un lugar importante en la historia del desarrollo del mapeo mental. En las anotaciones de Leonardo se entremezclaban dibujos, símbolos y palabras, combinando de esta manera imaginación, asociación y análisis, lo que revela cómo su increíble creatividad se apoyaba en el espectro completo de las habilidades de su cerebro.

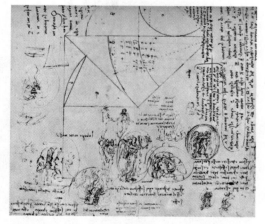

Página del cuaderno de Da Vinci (*ca.* 1480), en la que se mezclan palabras, geometría, imágenes y símbolos.

Charles Darwin (1809-1892)

El naturalista británico Charles Darwin creó lo que podría ser el protomapa mental más importante jamás dibujado. En su Árbol de la vida traza el mapa de sus primeras ideas sobre cómo las especies podían estar relacionadas a través de su historia evolutiva. Los genetistas modernos han descubierto que, de hecho, las especies se cruzan más de lo que Darwin pensó originalmente. Este pensamiento interconectado se refleja en los mapas mentales actuales, ya que estos establecen vínculos entre diferentes ramas mediante flechas y líneas.

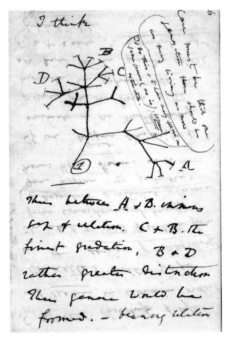

Dibujo de Darwin (*ca.* 1837) en el que explora por primera vez su idea de un árbol evolutivo.

Albert Einstein (1879-1955)

Durante una entrevista a un periódico en 1929, el físico teórico estadounidense de origen alemán Albert Einstein afirmó: "Soy lo suficientemente artista para dibujar libremente con mi imaginación. La imaginación es más importante que el conocimiento. El conocimiento es limitado. La imaginación abarca el mundo". El pensamiento de Einstein era gráfico y esquemático más que lineal y verbal, lo que lo hizo el padrino del mapeo mental del siglo XX.

Richard Feynman (1918-1988)

El físico Richard Feynman, Premio Nobel, presentó al mundo el primer diagrama Feynman en 1949. Desde joven, Feynman entendió la importancia de la visualización y la imaginación en el proceso del pensamiento creativo, y se enseñó a dibujar. Ideó representaciones de las gráficas de la fórmula matemática que describe el comportamiento de las partículas subatómicas, que se conocieron como diagramas de Feynman. Estaba tan cautivado por estos diagramas, que ¡cubrió su camioneta con ellos!

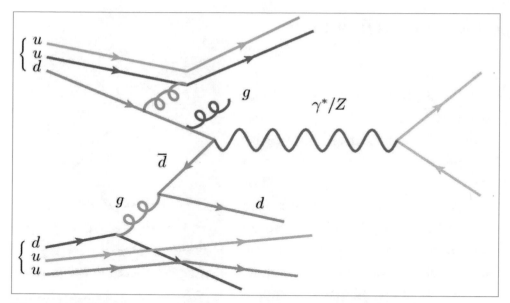

Diagrama de Feynman que representa el comportamiento de las partículas subatómicas

El mapeo mental en la práctica

Después de todos estos siglos, nuestra actitud hacia las imágenes y las palabras continúa evolucionando. Hoy en día hay algunos signos de un desplazamiento de las formas verbales de comunicación dominantes hacia un pensamiento visual (como lo evidencia la creciente popularidad de los *emojis* como una forma de taquigrafía visual), el que tal vez esté subsanando el desequilibrio que existió en décadas anteriores. Por ejemplo, en los foros académicos tradicionalmente se les ha otorgado primacía a las palabras sobre las imágenes —aunque, como hemos visto, con algunas notables excepciones que han surgido en la obra de gigantes como Feynman y Einstein—. Sin embargo, otra vez el poder de la imagen está saltando a un primer plano en todas nuestras comunicaciones: cada vez empleamos más nuestros teléfonos como cámaras para capturar escenas y documentar los detalles de nuestras vidas en imágenes en las redes sociales, más que compartir diálogos; pensamos, trabajamos e interactuamos con completos extraños en todo el mundo, y por lo tanto dependemos cada vez más de tecnologías que nos permiten trascender las barreras del lenguaje hablado.

Al unir palabras con imágenes y al reproducir el funcionamiento del cerebro humano en su combinación de información lógica y creativa, el mapa mental es la herramienta perfecta para nuestro globalizado siglo XXI.

Algunos mapas mentales son muy sencillos y directos, en tanto que otros son increíblemente elaborados. La imagen de la página siguiente es el ejemplo de lo que es un sencillo pero verdadero mapa mental, creado de acuerdo con las leyes del mapeo mental (ver Capítulo 2, página 58). Es un simple mapa mental para planear unas vacaciones. Observa cómo cada palabra o imagen reposa en su propia rama, cómo cada rama tiene su propio color, las alegres imágenes, todo refleja el entusiasmo de planear un viaje de verano y hace que este mapa mental sea divertido de crear y fácil de recordar. Las ramas principales están relacionadas con la consideración central de planear unas vacaciones: adónde ir, dónde quedarse, el costo, cómo llegar y cuáles son los objetivos primordiales del viaje. Las sub-ramas ahondan más en estos aspectos —por ejemplo, se consideran como posibles destinos hoteles en la montaña *vs.* en la ciudad *vs.* en la playa, y se detallan las diferentes opciones disponibles sobre hospedaje y transporte—. Una sub-rama de costos es "Ahorros" y está unida mediante flechas a algunas alternativas más baratas.

Si no tienes la seguridad del tipo de vacaciones que quieres, el crear un mapa mental como éste te ayudará a considerar todas las alternativas, sopesar cuestiones tales como costo *vs.* objetivos, y llegar a una conclusión sobre lo que realmente quieres hacer.

Un mapa mental:

- **Te ofrece claridad y una visión general sobre un tema.**
- **Te proporciona la información que necesitas para ayudarte a planear por adelantado.**
- **Te facilita un examen a fondo de la situación.**
- **Activa tu imaginación y te estimula a encontrar soluciones creativas.**
- **Es un placer contemplarlo por sí mismo.**

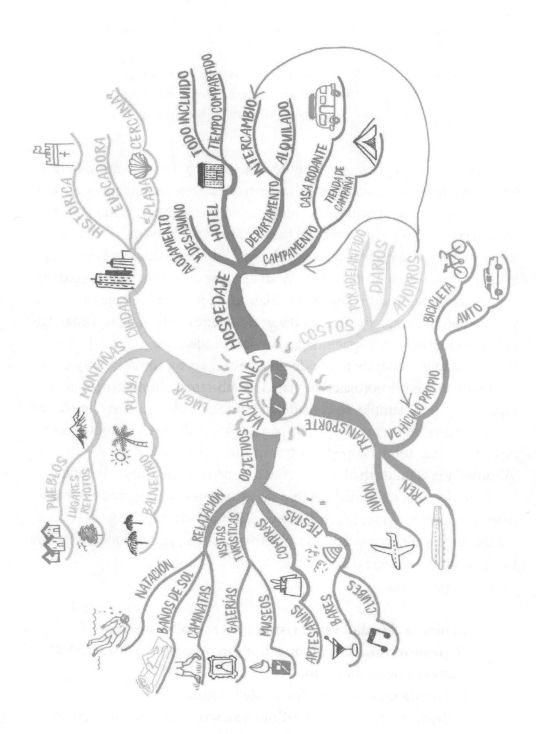

Mapa mental para planear unas vacaciones

Las múltiples ventajas del mapeo mental

Además de darte una visión general clara sobre un tema y proporcionarte una herramienta visual para ayudarte a memorizarlo, el mapeo mental tiene otras ventajas:

Pensamiento. Usa tu mapa mental para activar tu cerebro, dar con nuevas ideas y asociaciones y crear un registro lleno de color de tus procesos de pensamiento.

Aprendizaje. Los mapas mentales son una ayuda enorme para el estudio, útiles para tomar notas durante clases y conferencias, así como para los exámenes. Un mapa mental se deshace del peso muerto e ilumina las ramas principales de cualquier tema.

Concentración. El mapeo mental representa enfocarse detenidamente en la tarea que nos ocupa, implicando a tu cerebro de una forma en la que inevitablemente obtendrás mejores resultados.

Organización. Usa los mapas mentales para fiestas, bodas, viajes, reuniones familiares e incluso para tu vida futura.

Planeación. Establece prioridades y compromisos utilizando el mapeo mental para planear tu agenda y tu itinerario.

Comunicación. Déjate de palabrería y comunícate con precisión: un mapa mental resaltará los puntos esenciales que necesitas para cruzar al otro lado.

Oratoria. Prescinde de páginas de notas y haz la información accesible a simple vista, con presentaciones y discursos claros, relajados y dinámicos.

Liderazgo. Crea excelentes herramientas de negocios ya sea estableciendo un programa, llevando la minuta o presidiendo una reunión. El mapa mental te proporciona una mesa de control para entender tus universos interno y externo.

Entrenamiento. Abandona los farragosos manuales y utiliza los mapas mentales para planear programas de entrenamiento en una forma rápida y accesible.

Negociación. Observa todas tus alternativas, las estrategias accesibles y los posibles resultados expuestos nítidamente en una página. El mapa mental te ayudará a negociar un resultado en el que todos ganan.

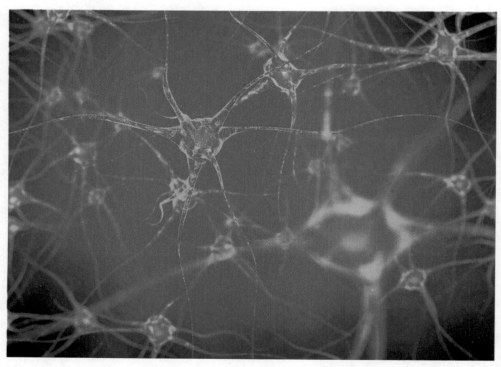

La estructura de un mapa mental imita la red cerebral de sinapsis y conexiones neuronales.

Los mapas mentales y el cerebro

Ya hemos visto cómo los mapas mentales trabajan orgánicamente como el cerebro, imitando las formas en las que se constituyen o consolidan nuevos circuitos cuando la información se transmite entre las ramificaciones y las células cerebrales. Al estimular el pensamiento radiante, el mapa mental exagera las funciones naturales del cerebro fortaleciéndolo, haciéndolo más creativo y más efectivo. El cerebro humano contiene más de mil millones de neuronas, o células nerviosas, cada una de las cuales es más poderosa que una computadora casera. Sin embargo, por medio del pensamiento radiante el cerebro trabaja sinérgicamente en vez de linealmente. Esto significa que la suma de sus operaciones siempre es mayor que sus partes.

Más aún, los mapas mentales imitan la miríada de sinapsis y conexiones de nuestras auténticas neuronas. Investigaciones científicas recientes apoyan la creciente evidencia de que el mapa mental es la manifestación natural de los procesos de pensamiento del cerebro humano, y de que en realidad todos pensamos en ¡mapas mentales internos!

Mapas mentales internos

En 2014 el Premio Nobel de Fisiología o Medicina se dividió: una parte se le concedió a John O'Keefe y la otra se otorgó conjuntamente a May-Britt Moser y Edvard I. Moser por sus hallazgos en el campo de la neurociencia cognitiva, y específicamente por su investigación sobre las células de rejilla. Estas neuronas especializadas trabajan con células de lugar y el hipocampo para crear una representación mental de la ubicación de una persona en su ambiente. No sólo ayudan a un individuo a formarse un mapa mental de su entorno, actuando como una especie de GPS interno, sino que la evidencia sugiere que las células de rejilla pueden desempeñar un papel en la formación de recuerdos episódicos en el hipocampo, una región del cerebro crítica en el aprendizaje y la memoria.

Las dendritas y la sinapsis de las neuronas se combinan para crear una especie de mapa mental interno, dando sentido a una situación y permitiendo que esta información se retenga y se recuerde más tarde.

Este tipo de descubrimientos no dejan de asombrarme y deleitarme. Cuando, en la década de 1960 inicié mi investigación sobre cómo pensamos, algunos aspectos de la ciencia estaban aún en pañales. Las neuronas, por ejemplo, parecían ser no más que pequeños puntos en el microscopio —pequeñas motas de polvo que flotaban entre otras partículas—. Sin embargo, en la medida en que la neurociencia se perfeccionó, para sorpresa de todo el mundo se hizo evidente que esos puntos tenían piernas. Fue necesaria la invención del microscopio electrónico para que las neuronas se revelaran en toda su magnificencia, con un núcleo, dendritas en forma de ramas, sinapsis y axones.

Esta revelación me impactó como un milagro de otra forma, ya que confirmó la validez y la naturaleza orgánica de la herramienta de pensamiento sobre la que había estado trabajando en conjunción con estos descubrimientos: la estructura del mapa mental. Un buen mapa mental se parece a la forma ampliada de una neurona.

Del mismo modo que la matemática de una neurona tiende al infinito, el mapa mental es una herramienta de pensamiento con el potencial de expandirse hacia los confines del infinito.

El descubrimiento de la verdadera naturaleza de las neuronas parecía un maravilloso ejemplo de sincronía. Igualmente, la relativamente reciente investigación acreedora al Premio Nobel sobre las células de rejilla confirma que las neuronas piensan en la forma de un mapa mental. Creo que esta revelación confirma el poder de esta herramienta de pensamiento, así como su relación crucial con la memoria.

Ahora bien, la relación entre los mapas mentales y la memoria ya ha sido comprobada científicamente. La investigación presentada por H. Toi en la Conferencia Internacional sobre Pensamiento en Kuala Lumpur, en 2009, demostró que el mapeo mental puede ayudar a los niños a recordar palabras con mayor efectividad que empleando listas, con avances en la memoria de hasta 32 por ciento. En forma similar, un estudio llevado a cabo por Paul Farrand, Fearzana Hussain y Enid Hennessy en 2002 demostró cómo el mapeo mental mejoró la memoria de largo plazo de información real en sus participantes en 10 por ciento.

Los mapas mentales son quienes somos

Los mapas mentales ofrecen la forma más sencilla para introducir información al cerebro, así como para extraer información de él, y parecen estar conectados con una parte integral de nuestra naturaleza como seres humanos. La afirmación hermética de "como es arriba, es abajo" parece idónea, ya que los mapas mentales reflejan nuestro funcionamiento interno y externo: ambos se relacionan tanto con la forma en la que pensamos en términos de la estructura del cerebro, como con la forma en la que nuestros pensamientos se pueden manifestar en el mundo por medio de la herramienta de pensamiento fundamental del mapa mental.

Para cuando hayas terminado de leer este libro y de abrirte camino a través de los ejercicios que se presentan en él, estarás en la senda del dominio de los mapas mentales. No sólo eso, al aprender a hacer mapas mentales puedes estar en el camino de hacer realidad tu verdadero potencial como ser humano.

2 Cómo trazar un mapa mental

Este capítulo ofrece ejercicios prácticos, sugerencias útiles y entrenamiento para emplear el mapeo mental de manera efectiva. Establece las leyes del mapeo mental y analiza aplicaciones prácticas de los mapas mentales en la vida diaria, incluyendo el hogar, el trabajo, la educación, la creatividad, el bienestar y la memoria.

Libera el potencial de tu cerebro

A diferencia de otro tipo de herramientas visuales, el mapeo mental libera el increíble potencial de tu cerebro al implicar a la gama completa de habilidades corticales, desde las racionales y numéricas hasta las imaginativas e inventivas. Un buen mapa mental proporciona un escenario en el cual generar ideas creativamente mediante la combinación de palabras e imágenes. En realidad, los mapas mentales son mejores que esto, ya que alientan un "florecimiento del cerebro" por medio de los poderes combinados de la imaginación y la asociación, al crear las condiciones perfectas para la proliferación de ideas —y en la medida en que generes nuevas ideas, es más probable que su calidad en general sea mejor—. El mapeo mental ensanchará los horizontes de tu pensamiento y te ofrecerá los medios para potenciar tu precisión mental, tu percepción y la creatividad y libertad de pensamiento.

Desde su primera introducción, hace décadas, los mapas mentales han sido adoptados por cientos de miles de personas en todo el mundo, con el objeto de potenciar al máximo su capacidad intelectual. Su efectividad ha sido confirmada por numerosos estudios científicos y psicológicos, y han comprobado ser una herramienta notablemente versátil. Como descubriremos en el Capítulo 5, el mapa mental se puede utilizar en absolutamente cualquier aspecto de la vida, en el que el mejoramiento del aprendizaje y un pensamiento más transparente potenciará el resultado.

> Pregúntate: "¿Cómo puede mejorar mi vida el mapeo mental?". ¡Ahora, empieza!

En el Capítulo 1 te invité a crear tu propio mapa mental como una manera de introducirte a sus componentes claves, tales como imágenes, colores, ramas y palabras (ver página 27). Como ocurre con cualquier habilidad, la confianza y la técnica en el mapeo mental mejorarán en la medida en que practiques. Para aprovechar al máximo este capítulo, te sugiero que lo abordes como un agradable conjunto de ejercicios prácticos y divertidos. Haz a un lado cualquier inhibición o inseguridad, e intenta hacer muchos mapas mentales diferentes y llenos de color aplicando los principios que explicaré más detalladamente en las páginas siguientes.

Antes de empezar, me gustaría hacer una rápida sugerencia: aunque estarás ejercitando vigorosamente tu cerebro, sé amable contigo mismo (¡siempre!). Tus mapas mentales te guiarán hacia los mejores resultados si tu planteamiento es despreocupado, lleno de color e interesante. Paradójicamente, el juego es un asunto serio porque activa la imaginación, que es una de las piedras angulares del mapeo mental. Si en cualquier momento te atoras o te sientes frustrado, haz una pausa y vuelve más tarde a tu mapa mental. (Para mayor orientación ver Capítulo 4 **Encontrando soluciones**). O empieza uno nuevo, cuyo tema puedes tomar de entre los que se proponen en "Las 99 aplicaciones" del Capítulo 5 (ver página 155). El mapeo mental es mucho más efectivo cuando se emprende en intervalos de aproximadamente 20 minutos.

El mapeo mental no tiene nada que ver con un pensamiento rígido de "éxito o fracaso" o "vida o muerte", y nadie va a juzgar tus resultados (a menos de que participes en los Campeonatos Mundiales de Mapeo Mental). Hay ciertas leyes que te ayudarán a sacar el máximo partido del mapeo mental y te permitirán crear mapas mentales contundentes. Tal vez, el concepto de leyes al principio pueda parecer contradictorio en lo relativo a la creatividad y la generación de ideas; sin embargo, dichas leyes están diseñadas para apoyar tu pensamiento con una estructura, permitiendo que éste florezca en lugar de que se enrede y tambalee.

Entendiendo las leyes

Aunque las leyes del mapeo mental son engañosamente sencillas, son muy efectivas. Si te desvías de ellas no crearás un verdadero mapa mental. En cambio, probablemente acabarás con uno de los diagramas que veremos en el Capítulo 3, o con algo parecido al caos absoluto.

Las leyes del mapeo mental

1. Siempre utiliza una hoja de papel blanco colocada en posición horizontal. Asegúrate de que la hoja sea lo suficientemente grande para que te permita crear sub-ramas y sub-sub-ramas.

2. Dibuja una imagen en el centro de la hoja que represente el tema, utilizando al menos tres colores.

3. Utiliza imágenes, símbolos, códigos y perspectiva en todo tu mapa mental.

4. Selecciona palabras claves y escríbelas en mayúsculas.

5. Coloca cada palabra o imagen en su propia rama, de manera que se sostenga por sí misma.

6. Extiende ramas que broten de la imagen central. Dibuja las ramas más gruesas hacia el centro del mapa, y más delgadas según irradian hacia afuera en la forma de sub-ramas.

7. Procura que las ramas tengan la misma longitud que las imágenes o palabras que reposan sobre ellas.

8. Aplica colores en todo el mapa mental y desarrolla tu propio código de color en las ramas.

9. Haz énfasis, emplea flechas y líneas conectoras para subrayar asociaciones entre diferentes temas afines en el mapa mental.

10. Aspira a la claridad colocando las ramas cuidadosamente en un espacio que hayas estudiado con detenimiento. Recuerda que el espacio entre las cosas a menudo es tan importante como las cosas mismas. Por ejemplo, imagina la distancia entre los árboles en un bosque: tu cerebro ajusta estas brechas para entender en dónde estás y a dónde vas, más que a los árboles mismos.

Desarrolla un estilo propio

El observar las leyes te permite desarrollar un estilo con tu propia y única "huella digital", o, mejor dicho, tu "huella ocular", a la vez que permaneces fiel al espíritu esencial del mapeo mental. Para llegar a conocer y absorber realmente estas leyes, ten una copia de ellas a la mano (puede ser en la forma de un mapa mental) y consúltalas regularmente cuando estés elaborando uno. En poco tiempo se convertirán en un acto reflejo para ti y actuarán como el ADN de los genes de tu mapa mental.

Realiza el trayecto de tu mapa paso a paso: establece las metas para el primero; después para los primeros dos; para los primeros cinco; los primeros diez; los primeros 25; los primeros 50 … hasta que llegues a tus primeros cien mapas mentales (¡tu siglo!). Para cuando hayas llegado a los cien, si has estado consultando las leyes habrás logrado un nivel sumamente calificado de mapeo mental.

A veces, cuando se despliegan en la página, los mapas mentales pueden volverse complejos. Las leyes están diseñadas para contribuir a mejorar su claridad en todo aspecto, y, por lo tanto, a reforzar su impacto en tu cerebro, así como en el cerebro de los demás. Para comprender mejor por qué esto es así, analicemos los elementos claves con un poco más de detalle, así como algunas otras consideraciones que se relacionan con ellos.

De qué manera las leyes condicionan un mapa mental

La manera más sencilla para explorar los efectos y la utilidad de las leyes es ponerlas en práctica creando un mapa mental. Primero, asegúrate de haber captado los conceptos básicos del mapeo mental memorizando los siete pasos establecidos en el Capítulo 1 (ver página 28). Entonces estarás listo para aplicar las leyes a un mapa mental sobre un tema que elijas. ¿Por qué no intentar crear uno mientras lees las siguientes páginas?

En el Capítulo 1 usé el ejemplo de Shakespeare para ilustrar cada uno de los pasos en la medida en que avanzábamos juntos. En este ejercicio me gustaría que reflexionaras un momento en el problema o tema que quieres trazar en un mapa mental. (Si necesitas inspiración, consulta el ejercicio "Haz tus pensamientos visibles" de la página 70).

Reúne tus recursos

Una vez que hayas seleccionado el tema, y antes de que empieces a trabajar propiamente en tu mapa mental, reúne cualquier otro material, investigación o información adicional que necesites, de manera que tengas todo a la mano.

Por ejemplo, si quieres utilizar un mapa mental para hacer anotaciones sobre algún texto que estés estudiando, asegúrate de tener un ejemplar del libro cerca para que puedas consultarlo al crear tu mapa.

Posición de retrato o vertical   Posición horizontal o apaisada

Para evitar que el mapa mental se atiborre o estreche, especialmente cuando irradie hacia los márgenes, trabaja sobre una hoja grande de papel en blanco. Es importante que el papel sea completamente blanco, sin líneas ni ninguna decoración que distraiga del proceso creativo. Siempre coloca esta hoja en posición horizontal o apaisada, lo que te dará mayor libertad y espacio para crear un mapa mental que una hoja en posición de retrato o vertical. Todavía más, la información sobre un mapa mental horizontal es más fácil de absorber de un vistazo, ya que te permite escanear toda la página de un modo no lineal, irradiando desde el centro, más que leer la página de izquierda a derecha, de izquierda a derecha, de izquierda a derecha —como si estuvieras en un partido de tenis y acabaras con tortícolis— y de arriba abajo, en la forma en la que usualmente abordas un texto.

Coloca la hoja sobre una superficie plana o elevada frente a ti, o, si lo deseas, asegúrala con una tachuela a la pared y trabaja de pie. Una superficie elevada, como un tablero de dibujo de los que utilizan los arquitectos, ayudará a tu postura y te dará una mejor perspectiva. O si lo encuentras más cómodo, haz el mapa mental sentado en el piso. Algunos artistas, como la pintora y artista gráfica inglesa de origen portugués Paula Rego, a veces se sientan en el piso para dibujar y pintar, ya que esta aproximación aparentemente infantil puede ser liberadora para pensar creativamente.

Puedes hacer un mapa mental en cualquier lugar, en cualquier postura física, especialmente si practicas yoga, eres gimnasta o bailarín o un niño pequeño. Por ejemplo, puedes crear un mapa mental en tu postura de meditación, pues los mapas mentales te ayudarán a fijar y equilibrar tus pensamientos al sincronizar el funcionamiento de los dos hemisferios de tu cerebro. Muchas personas, especialmente los niños, los hacen tendidos en el piso bocabajo, sosteniendo la cabeza con las manos.

Pero no hay necesidad de que te conviertas en contorsionista. Mantén tu mapa mental tan vertical como puedas, con sus ramas lo más horizontales posible, lo que hará que el mapa sea mucho más fácil de leer y recordar. Mientras escribes y dibujas permite que la mano viaje a lo largo del papel, en lugar de rotar éste.

Para aumentar el atractivo visual y el impacto de tu mapa mental, reúne una buena selección de plumones de colores, cuyo grosor vaya del punto más delgado al más grueso, para darle variedad y reforzar el código de colores y el atractivo visual en la memoria. (Recuerda el efecto Von Restorff que discutimos en el Capítulo 1, página 39).

> **Fabrica tu propio equipo portátil para mapas mentales con papel blanco y plumones de colores, y llévalo adondequiera que vayas. De esta manera, nunca te encontrarás atrapado con papel rayado y un bolígrafo azul.**

Si te encuentras en una reunión de trabajo puedes hacer un borrador en blanco y negro y colorearlo o redibujarlo por completo más adelante. Sin importar lo brillante que sea tu mapa mental, siempre es útil revisarlo una vez terminado, por lo que hacer un borrador en blanco y negro es una práctica recomendable. No obstante, el color es un elemento clave para promover la creatividad, lo que significa que, si inicialmente creas tu mapa mental en blanco y negro, estarás limitando radicalmente tu habilidad para generar nuevas ideas.

Selecciona la imagen central

Cuando tengas un tema en la mente, empieza a trazar una imagen en el centro de tu hoja empleando la perspectiva, la libre expresión y por lo menos tres colores diferentes para hacerla atractiva y memorable. Piensa cómo simbolizar tu tema de la manera más interesante e imaginativa posible. Si una palabra en particular es absolutamente esencial para tu mapa mental, transfórmala en una imagen utilizando la perspectiva y el color para resaltar su atractivo visual. Una imagen central dinámica concentrará automáticamente el interés del ojo y el cerebro, detonando numerosas asociaciones.

> **¿Qué deseas que te revele tu mapa mental? Conserva este objetivo en tus pensamientos a cada paso.**

Establece objetivos e ideas que ordenen

Las principales categorías, que irradian en ramas desde la imagen central, se conocen como Ideas Básicas Ordenadoras (IBO) y constituyen el marco fundamental de un mapa mental.

Un conjunto sólido de IBO llevará tu mapa mental a un buen inicio creativo: identificar tus IBO y ordenarlas de manera significativa visualmente te permitirá ver con mayor claridad hasta dónde las ideas y los conceptos se relacionan con el todo y encajan dentro de la jerarquía de ideas de tu mapa mental.

Cuando inicies tu mapa mental considera tus objetivos cuidadosamente:

- **¿Qué información o conocimiento necesitas?**
- **¿Cuáles son las siete categorías más importantes en el tema?**
- **Si éste fuera un libro, ¿cuáles serían los encabezados de los capítulos? ¿Qué lecciones o temas hay?**
- **¿Qué preguntas debes plantear? (síntesis como: "¿Qué?", "¿Dónde?", "¿Quién?", "¿Cómo?", "¿Cuál?", "¿Cuándo?" pueden ser ramas muy útiles en un mapa mental).**
- **¿En qué sub-categorías puedes dividir tu tema?**

Tus IBO también pueden abordar las siguientes consideraciones:

- **Estructura – la forma de las cosas**
- **Función – el propósito de las cosas y qué hacen éstas**
- **Propiedades – las características de las cosas**
- **Procesos – cómo trabajan las cosas**
- **Evaluación – cuán benéficas son las cosas**
- **Definiciones – qué significan las cosas**
- **Clasificación – cómo se relacionan las cosas unas con otras**
- **Historia – la secuencia cronológica de los eventos**
- **Personalidades – el papel que desempeñan las personas y sus personalidades**

Para empezar, puedes anotar las primeras diez palabras o imágenes que te vengan a la mente y después agruparlas bajo encabezados genéricos para conformar las principales ramas propagadoras.

Diversifica

Como se sugiere en el Capítulo 1, dibuja las ramas más cercanas a la imagen central más gruesas para destacar su importancia en tu cerebro, y escribe tus Ideas Básicas Ordenadoras (IBO) encima de ellas. Cualquier sub-rama que brote de una rama principal tendrá información que respalde esa IBO particular. Los conceptos más generales (inclusivos) tienden a reunirse más cerca de la imagen central, en tanto que los conceptos menos generales (más exclusivos o específicos) aparecen en las sub-ramas, más alejados del centro del mapa.

Si tu mapa mental está en una etapa exploratoria, puedes llegar a descubrir que algunas de las ideas periféricas resultan más importantes que las que colocaste inicialmente hacia el centro. Cuando esto ocurra, sólo engruesa las ramas exteriores donde sea necesario, añadiendo así otra capa de interés a tu mapa.

Haz que todas las ramas se dirijan en forma orgánica, ondulatoria, fluida para realzar su atractivo visual. Además, si dibujas tus ramas en forma curva y haces que irradien orgánicamente, cada una tendrá una forma única que más tarde puede utilizarse para que recuerdes la información contenida en cada una de ellas.

Exprésate por medio de imágenes

Para obtener el máximo impacto visual e inspiración creativa del mapeo mental, y divertirse con el proceso, emplea imágenes siempre que sea posible (como en el caso de las palabras, cada una de ellas debe anidar en su propia rama). No te preocupes si en la escuela odiaste las clases de arte; nadie va a juzgar tu habilidad artística. Definitivamente, las imágenes de tu mapa mental *no* tienen que ser obras de arte: bocetos descriptivos rápidos, dibujos, símbolos y garabatos, todo sirve. De hecho, definitivamente no quieres verte enredado en crear la imagen perfecta; el mapeo mental trata sobre plasmar rápidamente las ideas en el papel, así que considera tus ilustraciones como una especie de taquigrafía que representa la esencia de tu pensamiento más profundo.

Mientras que el tomar nota linealmente requiere de las tres habilidades básicas del patrón lineal, de los símbolos y el análisis, el dibujo de imágenes involucra una amplia gama de habilidades corticales que van desde la imaginación, la lógica y la conciencia espacial, hasta el empleo del color, la forma, la dimensión de las líneas y el modelado visual.

Utilizar imágenes en los mapas mentales conlleva otro beneficio más amplio: te ayudará a mejorar tus poderes habituales de percepción visual. Sin importar cuál sea tu talento artístico, dibujar te estimulará a enfocarte con mayor énfasis en la vida real para obtener inspiración, y te hará más consciente del mundo que te rodea.

Por último, un mapa mental no sólo utiliza imágenes; ¡en sí mismo es una imagen! Es mucho más fácil imaginar en tu mente un mapa mental que el pasaje de un texto. Un estudio sobre reconocimiento de imágenes llevado a cabo por el profesor Ralph Haber en 1970 encontró que los humanos tenemos una memoria casi fotográfica cuando se trata de reconocer imágenes, lo que hace de éstas una excelente ayuda para la memoria. Haber descubrió que el humano promedio, cuando se le muestran 10,000 fotografías, puede recordar más de 98 por ciento de ellas.

Sólo imagina que cuando hayas terminado tus primeros cien mapas mentales probablemente recordarás cien de ellos —lo que representa un recuerdo de 100 por ciento—. ¡Ahora imagina tus primeros mil mapas! Y *ahora* imagina terminar 10,000 mapas por 10,000 libros que hayas estudiado: aun cuando sólo puedas recordar 98 por ciento de ellos, ¿no sería increíble? ¡El mapeo mental ofrece una forma relativamente fácil de convertirse en genio entre los genios! Tus primeros cien mapas mentales serán un batallón de soldados contra el bastión de la ignorancia.

Haz tus imágenes tan claras como sea posible. En la medida en que tu mapa sea claro, será más elegante, airoso y atractivo. Una imagen clara conduce a una respuesta clara. La claridad limpiará los lentes de tus ojos y te ayudará a ver el mundo más como lo hace un artista o un niño. Aumentará tu percepción.

Juega con las palabras

En aras de la claridad, el impacto y la libertad, recuerda usar sólo una palabra clave en cada rama de tu mapa mental. Una sola palabra clave es mucho más fácil de recordar que una frase, y se alojará en tu memoria. Al igual que un guijarro que se lanza a un estanque, ésta se expandirá y detonará diferentes asociaciones y estimulará tu pensamiento. Más todavía, al enfocarte en una palabra por rama te ves obligado a reflexionar sobre qué palabra es la que mejor representa tu idea. Esto significa poner en funcionamiento tus capacidades de discriminación y análisis; con frecuencia éste es un proceso que requiere cierto grado de atención del que carecen los apuntes lineales, los que, en comparación, pueden resultar una práctica mucho más pasiva e improductiva.

Una palabra clave siempre debe descansar en una rama de la misma longitud. Ello te permitirá colocar un número de palabras muy cerca unas de otras en tu mapa mental, alentándote con ello a encontrar incluso más asociaciones, pues las palabras rebotan unas con otras. Esto también hará que tu mapa mental luzca menos desordenado y te permitirá incluir más información en él.

Escribe las palabras en mayúsculas para darles mayor definición y para facilitar que tu mente las visualice. Teniendo en mente la jerarquía de ideas de tu mapa mental puedes usar mayúsculas y minúsculas en las sub-ramas para mostrar la importancia relativa de las palabras en él.

Para destacar los elementos más importantes en tu mapa mental y que sean fáciles de recordar, escribe cualquier palabra asociada con ellos en

TRES DIMENSIONES

Desarrolla la sinestesia

La palabra "sinestesia" se refiere a un fenómeno perceptivo en el cual se provoca una reacción en un sentido, o en una parte del cuerpo, mediante, la estimulación de otro sentido o parte del cuerpo. Por ejemplo, una persona con sinestesia puede asociar cada día de la semana con un color y una textura diferentes: los martes pueden ser azules con la textura de una alfombra de pelo largo, mientras que los domingos pueden ser amarillos con textura de burbujas.

Con frecuencia se describe la sinestesia como un trastorno mental que provoca que las personas se confundan por sus percepciones sensoriales. Sostengo que dicha actitud está errada, ya que una sinestesia bien organizada en realidad puede aumentar el funcionamiento del cerebro. Un mapa mental puede considerarse una herramienta organizada de pensamiento sinestésico. En cierta manera, es una manifestación física y mental del poder de asociación. Así que desvanezcamos cualquier temor sobre ello. Emplea la sinestesia cuando hagas mapeo mental implicando los cinco sentidos en tus palabras e imágenes: vista, tacto, olfato, oído y gusto. También piensa en el poder del movimiento, que puede sugerirse mediante la forma orgánica de las ramas, y considera de qué otro modo esto puede ponerse de manifiesto en un mapa mental.

Conviértete en un hacedor de claves

Ya hemos visto que el color es una de las herramientas más poderosas para potenciar la memoria y la creatividad. Para hacer que el empleo del color tenga aún más impacto, crea tus propios códigos de colores asignando colores específicos a tus IBO. El empleo de códigos de colores cuidadosamente estudiados te ayudará a introducir la información en tu mapa mental rápidamente, mejorará tu recuerdo de ella y aumentará el número y variedad de tus ideas creativas.

Imagina, por ejemplo, que estás haciendo un mapa mental sobre *Wu Xing*, los cinco elementos tradicionales de la filosofía china. Teniendo los colores más adecuados en mente, decides que el color de la rama principal para Madera será verde, Fuego en naranja, Tierra en café, Metal en plata y Agua en azul.

Además de emplear estos códigos de color en tus ramas principales, puedes crear otros para establecer conexiones instantáneas entre diferentes zonas de tu mapa mental. Dichas claves pueden ser muy sencillas; por ejemplo, cruces y marcas; o subrayados y formas como círculos, triángulos y cuadrados colocados con cuidado sobre tu mapa; o pueden ser símbolos más elaborados —incluso en tercera dimensión—. Piensa en los símbolos tradicionales de los pies de página empleados en la tipografía como prototipo de los signos que puedes inventar. Y recuerda el sistema principal que mencioné brevemente en la **Introducción**, que utiliza un código para convertir los números en sonidos y después en palabras.

Al igual que los signos de las notas al pie, puedes utilizar claves para vincular las fuentes, como referencias biográficas, a tu mapa mental, o para representar elementos particulares tales como nombres, fechas o eventos que afloran constantemente en tus notas. Cualesquiera que sean los códigos que imagines reforzarán la categorización y jerarquización de tus ideas en un mapa mental.

> **Mientras más interesante visualmente sea tu mapa mental, los resultados serán mejores.**

Establece conexiones

Al igual que los códigos, las ramas y las flechas conectoras se pueden emplear para separar áreas o ramas en un mapa mental para mostrar cómo conceptos aparentemente diferentes se relacionan entre sí. De esta manera, las ramas y las flechas también contribuyen a vincular ideas. De conformidad con el uso de las imágenes en un mapa mental, las ramas conectoras pueden adoptar la forma de curvas, círculos, rizos y cadenas o cualquier otra que apele a tu imaginación.

Las flechas conectoras automáticamente dirigirán tu mirada para enlazar una parte de un mapa mental con otra; de esta manera estimulan a tu mente a seguir tu mirada y, por tanto, a darle a tus pensamientos una dirección espacial, lo que promueve un pensamiento divergente y sumamente creativo. Al igual que las ramas conectoras, las flechas pueden variar de tamaño, forma y dimensión. También pueden tener varias cabezas para relacionar un número de ramas diferentes.

Emplea límites y fragmentación

En las décadas de 1950 y 1960 inventé las Notas de Patrón Cerebral como precursoras del auténtico mapa mental. Se presentaron en mi serie de televisión de la BBC *Use your Head* [Usa la cabeza]. A pesar de que las Notas de Patrón Cerebral dependían de las palabras antes que de las imágenes, utilizaban las ramas y el color: en ellas, instintivamente rodeaba ramas separadas y sus sub-ramas con linderos llenos de color. Dichos límites podían adoptar la forma de una línea ondulada o una burbuja en forma de nube, y englobaban una serie de ideas asociadas con un tema específico de un modo que las hacía fáciles de recordar y de comunicar.

No lo sospechaba en esa época, pero este método es similar a la fragmentación, la cual es una conocida técnica mnemotécnica descrita por primera vez por el psicólogo estadounidense George Armitage Miller (1920-2012) en 1956. El término proviene del famoso trabajo de Miller titulado *El mágico número siete, más o menos dos*, en el cual explica cómo la memoria de corto plazo sólo puede almacenar eficientemente siete puntos de información. También describe cómo se puede emplear una técnica como la fragmentación para extender el intervalo de la memoria.

Según fui desarrollando el mapa mental, observé que la fragmentación podía desempeñar un papel útil en ciertas circunstancias. En el mapeo mental el bosquejo de una frontera crea una forma única en sí misma, haciéndola memorable por derecho propio, y agrupa la información de una manera que se adapta al funcionamiento de la memoria de corto plazo. Los límites y la fragmentación pueden ser especialmente útiles cuando se crean mapas mentales intrincados que cubren una variedad de temas con muchos niveles de información.

No obstante, los límites y la fragmentación deben aplicarse con mucho tacto en los mapas mentales puesto que entrañan un delicado equilibrio. Si un mapa mental es todavía una obra en proceso, cada rama que brota necesita estar "abierta" y libre para hacer nuevas conexiones. Si una rama se encierra en un contorno muy pronto, el cartógrafo potencialmente se autolimitará.

Asegúrate de nunca confinar tu
pensamiento en una prisión lineal.
Un buen cartógrafo se mantiene libre.

Haz tus pensamientos visibles

¿Te sientes atrapado? Elige uno de estos temas como tu concepto central:

      alegría   paz   trabajo   éxito

Ahora que ya tienes tu equipo inicial para hacer un mapa mental, es hora de practicar. Mientras más puedas hacer, ¡mejor! Sigue refiriéndote a las leyes a medida que avanzas.

Una vez que hayas terminado tu mapa mental, obsérvalo bien. ¿Qué te gusta de él? ¿Qué requiere un poco más de atención? Mapea mentalmente tus propias respuestas y reacciones.

Ahora elige otro tema y empieza de nuevo.

Date espacio para respirar

Hemos visto cómo se usa el tamaño de una palabra o una imagen para resaltar su importancia en la jerarquía de un mapa mental.

Mientras más grande sea un elemento,
mayor será su impacto visual y la
probabilidad de que lo recuerdes.

El espacio entre los elementos de un mapa mental puede ser tan importante como los elementos mismos. La cantidad adecuada de espacio que rodee a cada elemento le dará claridad y estructura, y lo hará más atractivo visualmente, lo que a su vez significa que es más factible que asimiles la información contenida en él.

Desarrollo de un cartógrafo mental

Existen tres etapas en las carreras de los cartógrafos mentales más exitosos:

Aceptación. Antes de que empieces a hacer mapas mentales, haz a un lado cualquier idea preconcebida que tengas sobre tu inteligencia, tu imaginación o tu habilidad artística. Aplica las leyes del mapeo mental hasta que te familiarices completamente con ellas. Con el estudio de las obras de artistas como Leonardo da Vinci y Lorraine Gill, que influyeron en el desarrollo del mapeo mental, descubrirás más aspectos sobre la importancia de las imágenes y el color.

Aplicación. Una vez que hayas comprendido las leyes, aplícalas creando tantos mapas mentales como puedas. Utilízalos cada vez que necesites tomar notas, por ejemplo, o si tienes que tomar decisiones o adquirir una habilidad nueva. En este capítulo se sugiere una variedad de aplicaciones prácticas. Intenta con ellas y piensa en otras maneras en las que el mapeo mental potenciará y enriquecerá tu vida.

Adaptaciones. Con el tiempo llegarás a desarrollar un estilo de mapeo mental propio. Una vez que hayas creado cientos de mapas mentales estarás listo para experimentar adaptando la forma del mapa mental y llevándolo al siguiente nivel.

Lleva un diario

Lleva un diario actualizado de tus mapas mentales para hacerlos parte de tu vida diaria; para ello puedes usar un cuaderno de ejercicios o una carpeta de argollas. Sólo asegúrate de que las hojas sean blancas y sin rayas para que tu cerebro se sienta con la libertad de pensar creativamente, en una forma no lineal y desinhibida. Coloca tu primer mapa mental en un lugar de honor en la primera página de tu diario. (De ser necesario, pega los mapas mentales en sus hojas). Puedes llevar un diario de tus mapas mentales junto con agendas, calendarios y organizadores de mapeo mental (ver Capítulo 5, página 161). Un diario te permitirá observar cómo tus habilidades para el mapeo mental mejoran con el tiempo. Será un almacén para tus ideas, de manera que de un vistazo descubrirás cómo evoluciona tu pensamiento. Y será un recurso útil para sumergirte en él cada vez que requieras de inspiración.

Aplicaciones claves de los mapas mentales

Cuando originalmente desarrollé el mapa mental, al principio no me di cuenta de cuán adaptable es esta herramienta de pensamiento. Para empezar, estaba empeñado en encontrar una manera armónica para externar pensamientos —para materializar en el exterior lo que yace en el interior del funcionamiento cerebral—. Como ya he mencionado, lograrlo me llevó algunas décadas y en el proceso surgió una arquitectura del pensamiento que con el tiempo evolucionó en el mapa mental. Una vez que hube afinado el mapa mental, mi fascinación por el arte de la memoria se mantuvo en primer plano y empleé el mapeo mental principalmente como un mecanismo mnemotécnico. Cuando mi hermano, el profesor Barry Buzan, me desafió a revisar mi enfoque sobre el mapeo mental, fue un gran paso adelante. Me preguntó por qué había desarrollado el mapa mental sólo con propósitos memorísticos, en lugar de para otras formas de pensamiento, como la creatividad. Al principio deseché la sugerencia. Pero la consulté con la almohada ¡y al día siguiente comprendí que mi hermano tenía razón! Los mapas mentales se pueden aplicar naturalmente a todas las áreas de la vida.

¡Mapea las aplicaciones claves del mapeo mental!

Más adelante en este capítulo analizaremos con más detalle las diversas y emocionantes formas en las que el mapa mental se puede usar. Antes de adentrarnos en los detalles, concentrémonos en algunas de las aplicaciones claves del mapeo mental, ¡y qué mejor manera de hacerlo que a través de un mapa mental!

Paso 1

Para cartografiar las seis aplicaciones principales de los mapas mentales empieza con la imagen central. En ella la palabra APLICACIONES está rodeada por el contorno de una llave para hacerla más memorable.

Paso 2

Una rama brota de la imagen central. En este mapa aparece la etiqueta HOGAR y está en color naranja (para corazón y hogar). De la rama principal empiezan a crecer sub-ramas. HOGAR, por ejemplo, se asocia con amor, familia, amigos y pasatiempos.

Paso 3

Siguen cinco ramas más para TRABAJO, EDUCACIÓN, CREATIVIDAD, BIENESTAR y MEMORIA. Algunas de ellas tienen al lado algunos símbolos relevantes.

1

2

3

4

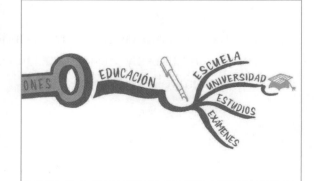

Paso 4

De estas ramas principales también empiezan a brotar sub-ramas. EDUCACIÓN, por ejemplo, se asocia con escuela, universidad, estudios y exámenes.

Paso 5

El mapa mental concluido obedece las leyes de una sola palabra
sobre cada rama, acompañada de muchas imágenes divertidas y
memorables.

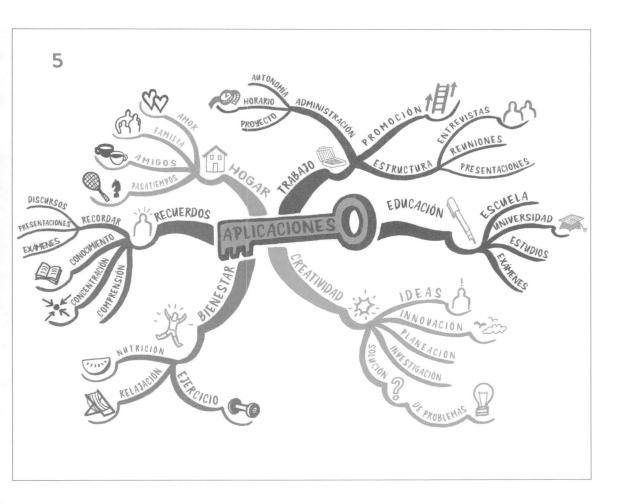

Si bien este mapa toma en cuenta las seis aplicaciones claves del mapeo mental, piensa en los seis aspectos que TÚ seleccionarías si tuvieras que hacer un mapa que represente zonas claves de tu propia vida.

Considera este mapa mental sobre aplicaciones claves como un embrión con el cual explorar el increíble universo de tu vida. Estas primeras seis aplicaciones son planetas y tu mapa es una nave espacial que te permitirá visitar cada uno de los lugares de aterrizaje. Una vez que cada uno de ellos haya sido explorado o terminado —tal vez cuando hayas alcanzado una meta o te hayas convertido en un campeón en tu campo—, el mapeo mental te ayudará a descubrir nuevas experiencias y a hacer frente a nuevos desafíos.

Puedes utilizar un mapa mental para cada aspecto de tu vida: negocios o placer, estudio o desarrollo personal. Por ejemplo, puedes cartografiar las mejores conversaciones que has tenido, o crear uno para tus sueños y después utilizarlo para convertir dichos sueños en historias o poemas.

Las páginas siguientes exploran cada una de las aplicaciones fundamentales de los mapas mentales —hogar, trabajo, educación, creatividad, bienestar y memoria—, sugiriendo en cada caso métodos excelentes en los que puedes utilizar el mapeo mental para alcanzar tus objetivos en esos ámbitos de la vida. He incluido algunos mapas sencillos para que sirvan de inspiración y de un posible punto de arranque, pero, por supuesto, como cada mapa mental es exclusivo de cada persona, el tuyo probablemente terminará viéndose diferente. En el Capítulo 5 se sugieren usos más avanzados de los mapas mentales para cada una de sus aplicaciones claves.

Aplicación clave 1: Hogar

Para muchos de nosotros, el viejo refrán es cierto: el hogar es donde está el corazón. El hogar nos proporciona un abrigo frente al mundo y un lugar en el que expresar nuestra individualidad y disfrutar de algunas de nuestras relaciones más íntimas. Es al mismo tiempo un refugio seguro y el equivalente de un crisol de alquimista, en el que creamos recuerdos importantes y acontecimientos que nos cambian la vida como el nacimiento, la niñez, el matrimonio, la paternidad y el retiro. También es el lugar en donde alimentamos nuestros sueños y perseguimos nuestras ambiciones personales, ¡y donde nos divertimos y organizamos fiestas!

Alcanzar un objetivo personal

Tómate un momento para reflexionar en las áreas de tu vida diaria más importantes para ti. Ahora piensa en qué objetivos te gustaría alcanzar. El mapa mental de la página siguiente trata sobre entrenarse para un maratón, pero sus principios básicos se podrían adaptar para ayudarte a alcanzar cualquier objetivo. Las Ideas Básicas Ordenadoras (IBO) reflejan una inquietud importante de un corredor de fondo: entrenamiento, nutrición, equipo, motivación y obstáculos. Utilizando como inspiración este mapa mental, elabora otro con una meta propia.

Dibuja una imagen central que represente lo que quieres alcanzar. Después, reflexiona sobre ella y crea ramas IBO que se relacionen con la misma. Éstas se pueden referir a los pasos prácticos que debes tomar y a las cosas que necesitas adquirir, ya sea comprar equipo o algo más intangible, como valor o perseverancia. La motivación es una rama importante, ya que seguir adelante es crucial para cualquier objetivo a largo plazo. Puedes explorar todos los beneficios que obtendrás al triunfar, ya sea que se relacionen con tu salud, tus finanzas o tu autoestima, y anotar quién o qué te apoyará en tu esfuerzo. Tal vez quieras colocar otra rama para los obstáculos, pues considerar todas las posibles dificultades es un buen punto de arranque para encararlas. Tus sub-ramas deberán profundizar más en estos temas para precisar detalles como el plazo que necesitas para lograr tu objetivo, y exactamente qué requieres hacer para llegar a él. Puedes explorar las etapas individuales de tu trayecto tan ampliamente como lo necesites en este mapa mental, o tal vez crear más mapas para analizar cada paso detenidamente.

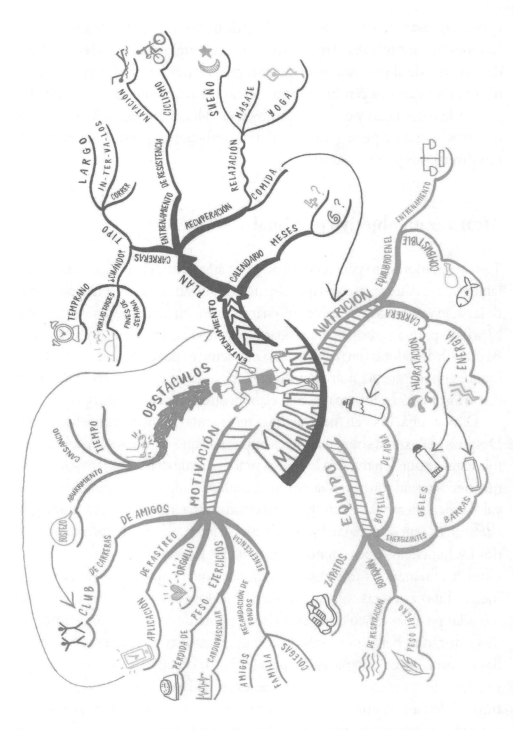

Mapa mental para alcanzar una meta personal: entrenar para un maratón

Si tiendes a colocar las necesidades de otras personas adelante de las tuyas, es probable que encuentres especialmente útil el establecimiento de metas en el mapeo mental. Tal vez te encantaría correr un maratón, pero siempre terminas demasiado ocupado yendo de un lado a otro por otros —llevando a los niños al futbol, recogiendo a tu pareja en el gimnasio— para hacer algo de ejercicio por tu cuenta (¡mucho menos entrenar para un maratón!). Si ése es el caso, crear un mapa mental es una gran manera de asegurarte de que tu propio objetivo se vuelva una prioridad en tu rutina cotidiana y la de tu familia. Cuelga tu mapa mental terminado en la pared para recordarte a ti y a todos tu sueño y asegúrate de que esforzarte por lograrlo se convierta realmente en parte de tu vida diaria.

Planea tu semana

Haciendo a un lado por un momento tus grandes metas en la vida, ¿qué necesitas lograr esta semana? ¿Qué tal mañana, o incluso más tarde el día de hoy?

Los mapas mentales son grandes organizadores. Más que hacer clic en fechas individuales sobre una pantalla de una computadora, hojear las páginas de un diario o parpadear incesantemente sobre un calendario, un mapa mental de tus actividades semanales te permite resumir de un golpe lo que está por delante. Hombre prevenido vale por dos, y cuando de una ojeada puedes saber qué te espera en la semana, estarás preparado y sabrás cómo distribuir tu tiempo y energía de manera más productiva.

Para tu imagen central selecciona un símbolo que represente tus pensamientos sobre la semana, o los aspectos más importantes de ella. De manera alterna puedes sólo dibujar una imagen de tu casa o representar la fecha de alguna manera, como una versión en tercera dimensión de "Semana xx" (en nuestro ejemplo es la Semana 26). Muévete en el sentido de las manecillas del reloj alrededor de tu imagen central y utiliza colores diferentes para producir siete ramas principales, una para cada día de la semana. Escribe el día sobre la rama, después llena las sub-ramas con cosas que deseas recordar, o

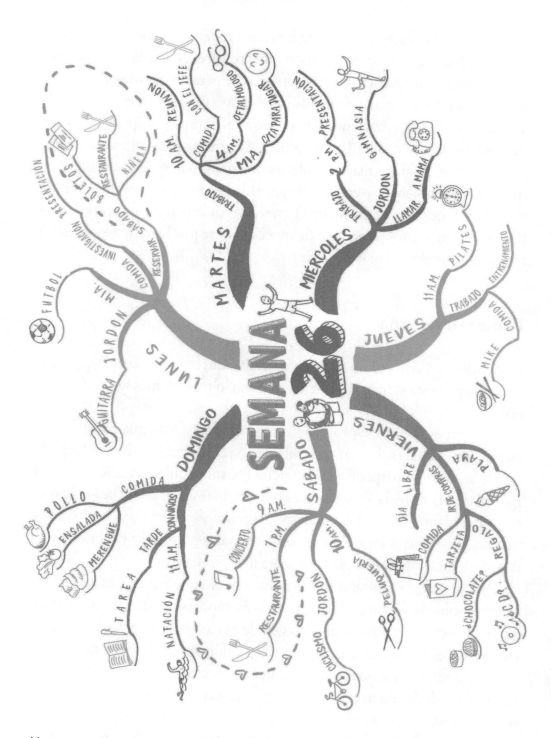

Mapa mental para planear tu semana: Semana 26-Semana de aniversario con actividades programadas. Emplea flechas conectoras para vincular actividades similares en días diferentes, o añade algún trozo si hay un conjunto de actividades que sea particularmente importante en uno de los días.

En el ejemplo de la página opuesta, el cartógrafo está planeando una maravillosa celebración de aniversario de bodas en la noche del sábado, por lo que la imagen central incluye una pareja enamorada, así como un niño feliz (también hay muchas citas para jugar esa semana). El planear las celebraciones incluye anotar en el mapa un recordatorio en el lunes para reservar un restaurante y boletos para escuchar a una banda, así como contratar a una indispensable niñera. El viernes se encargarán los regalos y la tarjeta —con el mapeo mental no se corre el riesgo de meterse en problemas por olvidar un aniversario o un cumpleaños—. El resto de los eventos importantes de la semana se incluye también, desde reuniones, una presentación en el trabajo hasta las sesiones de ejercicio de los niños.

Te será útil emplear tu mapa mental semanal junto con organizadores de mapeo mental (véase Capítulo 5, página 161), ya que ello te permitirá tener un acercamiento a los detalles de los días individuales, así como una visión general de periodos más largos. De esa manera, tendrás la posibilidad de mirar hacia delante y disfrutar de cierto grado de control de tu agenda, evitar confrontaciones y cualquier sorpresa desagradable, asegurándote de mantener un equilibrio saludable y satisfactorio entre trabajo, descanso y juego.

Planeen juntos

Si compartes tu casa con otras personas, ya sean tu familia o compañeros de piso, ¿por qué no crear un mapa mental conjunto para todas sus actividades? Muchos hemos experimentado los desacuerdos y discusiones que pueden surgir cuando hay actividades en conflicto entre diferentes miembros del hogar, o cuando las personas no parecen estar cumpliendo su parte en las labores domésticas u otras. Otro problema para muchos hogares estriba en que algunos de sus miembros sencillamente ignoran lo que hacen los otros cuando no están todos juntos. La buena noticia es que un mapa mental puede remediar esto y mejorar la conducta de todos, logrando que cada miembro del hogar aprecie más a los otros en la medida en que empiece a entender lo ocupado que está todo el mundo, o sencillamente asegurándose de que todos contribuyan a sacar la basura y a lavar los platos.

Al igual que un mapa mental semanal, un organizador conjunto debe incluir ramas para cada día de la siguiente semana, con sub-ramas que muestren las diferentes actividades —y, lo más importante, ¡las tareas!— programadas para cualquier día. También puedes emplear un mapa mental como éste para animar a todos a apegarse a la meta trazada, ya sea practicar guitarra durante 20 minutos diarios o salir a correr tres veces a la semana. Adhiere tu organizador conjunto al refrigerador o ponlo en cualquier otra parte en la que todo el mundo lo vea y no pueda ignorarlo.

> **Los hogares con mapeo mental son más felices y más sanos, ¡y les dan a todos un respiro!**

Planea una fiesta infantil

¿Por qué no disfrutar de una buena fiesta? Sin embargo, planear una fiesta puede ser otro asunto —especialmente una fiesta infantil, en las que las expectativas parecen haberse disparado en años recientes—. Lejos están los días en los que podías darle a los pequeñines gelatina y helado y esperar que ellos se entretuvieran durante unas horas. Hoy, organizar una fiesta infantil de cumpleaños puede ser casi como una maniobra militar, en la que hay que cubrir todas las bases y prepararse para cualquier eventualidad. Felizmente disponemos del mapa mental para ayudarnos. En este caso empleé el ejemplo de un cumpleaños infantil con un tema de un superhéroe, pero por supuesto tú puedes utilizar cualquier tema que desees, ¡o excluir a los niños por completo, si así lo prefieres!

La logística fundamental de la mayoría de las fiestas es la misma para niños que para adultos: una vez que determinaste la fecha debes elegir un tema (si deseas uno) y un sitio, comparar cuestiones como costo, espacio y transporte. Después, armar la lista de invitados y planear la diversión, la comida,

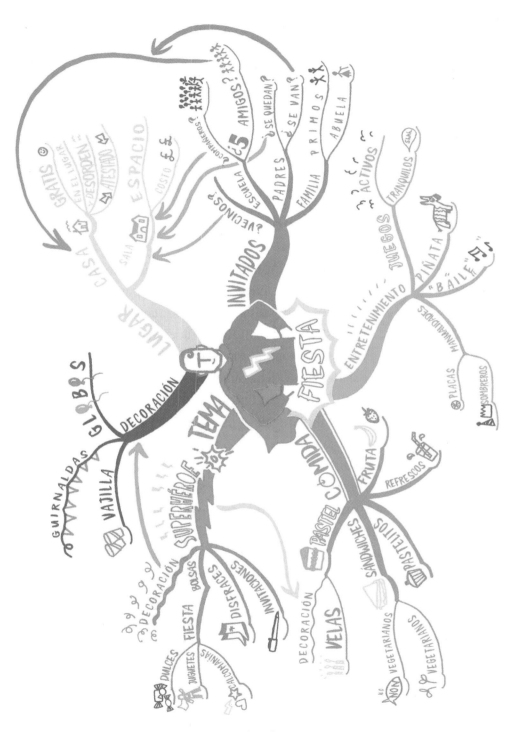

Mapa mental para planear una fiesta infantil

la bebida y la decoración, examinando estos puntos en las ramas principales y las sub-ramas de tu mapa mental. Si la fiesta va a tener alguna característica especial, como juegos, natación o magia, inclúyelos en el mapa. Puedes usar alguna de las ramas para analizar cómo reflejará la fiesta el tema, tal vez con disfraces, decoraciones y los pequeños regalos que los niños se llevan a casa. Con un tema tan atractivo como una fiesta infantil puedes divertirte realmente al crear tu mapa mental, en especial si hay algún tema implicado.

Encuentra el regalo perfecto

Estás muy adelantado con la planeación de la fiesta, así que ahora tienes suficiente tiempo para comprar regalos. Un mapa mental es un gran método para registrar los gustos y aversiones de tu familia y amigos cuando se trata de regalos. Si alguna vez te encontraste deambulando aturdido en una tienda, aferrado a un solitario par de calcetines o a una canasta de compra atiborrada de regalos potenciales, y sin ninguna idea de a quién dárselos, es probable que encuentres un mapa mental que organice tus ideas cómodamente.

Para crear tu mapa mental de regalos, dibuja una imagen inspiradora en el centro de una hoja de papel horizontal. Puede ser un paquete envuelto con un moño encima, o una estrella saliendo de una caja, o algo alocado como un unicornio con un cuerno irisado como símbolo de que los deseos se conviertan en realidad. Emplea tu imaginación para hacer tu imagen central interesante y atractiva para capturar el espíritu de regalar.

Ahora, crea ramas principales con códigos de colores para cada una de las personas de tu lista. Traza sub-ramas para sus gustos y aversiones. Emplea símbolos, así como palabras para ilustrarlos. Llena tus sub-ramas con imágenes divertidas que se relacionen con el potencial destinatario del regalo.

A continuación, crea sub-sub-ramas para impulsar tu imaginación e inventiva al siguiente nivel. En un mundo perfecto, ¿qué le comprarías a esa persona si el dinero no fuera lo importante? ¿O si no existieran consideraciones geográficas, o cualquier otro obstáculo? De vuelta a la realidad, ¿cuál sería un equivalente divertido (y accesible)?

Una vez que hayas terminado tu mapa mental, guárdalo en tu organizador anual, en donde puedas consultarlo cada vez que un cumpleaños de un amigo o pariente se aproxime. O también lo puedes usar un poco como una lista convencional en Navidad, marcando cada rama cuando hayas encontrado el regalo perfecto para esa persona.

Recuerda: ¡nunca taches nada en un mapa mental!

Tachar algo en un mapa mental significa destruir lo que lograste y borrar un recuerdo de tu vida; al contrario, una página llena de marcas positivas o caritas sonrientes reconoce tus realizaciones. Si usas tu mapa mental para comprar regalos o planear un evento, cuando hayas encontrado el regalo perfecto o terminado una tarea, siempre usa una palomita o cualquier otro símbolo adecuado.

Planea un fin de semana romántico

¿Alguna vez te has enamorado y has deseado complacer los deseos de tu corazón con una maravillosa sorpresa? ¿O tal vez han estado juntos durante años y están buscando la manera de reavivar las llamas del romance? Qué mejor manera de celebrar o reafirmar tu relación que llevar a tu amada a un lugar maravilloso para una escapada, donde puedan disfrutar momentos agradables juntos … Desafortunadamente, al igual que organizar una fiesta, planear una escapada romántica a veces puede resultar una empresa estresante, y la preocupación de organizarla puede hacer que la chispa desaparezca de la experiencia antes incluso de que ésta ocurra. Para que su tiempo juntos sea mágico en lugar de un caos, utiliza un mapa mental para planear todos los detalles, desde dónde quedarse, cómo llegar hasta qué hacer.

Ya sea que vayas a halagar a tu amada con un descanso completo con paseos en el bosque, vinos finos y arrumacos junto a la chimenea, o bailando hasta el amanecer en alguna playa exótica, usa un mapa mental para afinar los detalles. Por lo que respecta al romance, los mapas mentales pueden funcionar como una varita mágica y ayudar a que el hechizo del amor se fortalezca, y así permanezca, ya que ello significa que la pasión y el impulso se ven atemperados por la prudencia y la planeación.

Una vez que regreses de tu escapada, si todo marchó bien puedes conservar tu mapa mental como un preciado recuerdo. Si, por el otro lado, las cosas no fueron tan bien, tal vez por razones más allá de tu control, puedes guardarlo como un útil recordatorio sobre lo que hay que hacer de manera distinta la próxima vez (lo que podría incluir irse con otra persona …).

Mejorar una relación difícil

Algunas veces, a pesar de las mejores intenciones, una relación se hace trizas. El problema puede no siempre ocurrir en una relación con un compañero sentimental, ya que puede ser un padre, un hermano, un colega o un amigo. Sin importar quién sea la fuente de tu infelicidad, las dificultades en las relaciones pueden ser una experiencia devastadora y puede ser muy complicado saber cómo mejorar las cosas o cómo reparar cualquier daño. Si estás pasando por problemas en una relación, un mapa mental te puede ayudar a encontrar un sentido de perspectiva y una salida, a entender la postura de la otra persona y a detectar dónde puedes transigir. (Ver también Capítulo 5, página 164, para un enfoque más avanzado para la resolución de conflictos).

En un mapa mental como éste la idea no es cerrar tu mente, confirmar cualquier prejuicio que albergues o atrincherarte en tu postura, sino permanecer fiel a los principios del pensamiento radiante —y permitir que tus ideas irradien en consecuencia—. Para tal fin te aconsejo emplear términos neutros o positivos en tu mapa mental cada vez que sea posible. En el ejemplo siguiente, el cartógrafo tiene un problema con su hermano Dan. Eligió una imagen central de una bicicleta para representar los recuerdos de infancia positivos que tiene de él. La primera rama explora los sentimientos que surgen cuando piensa en Dan, tanto negativos como

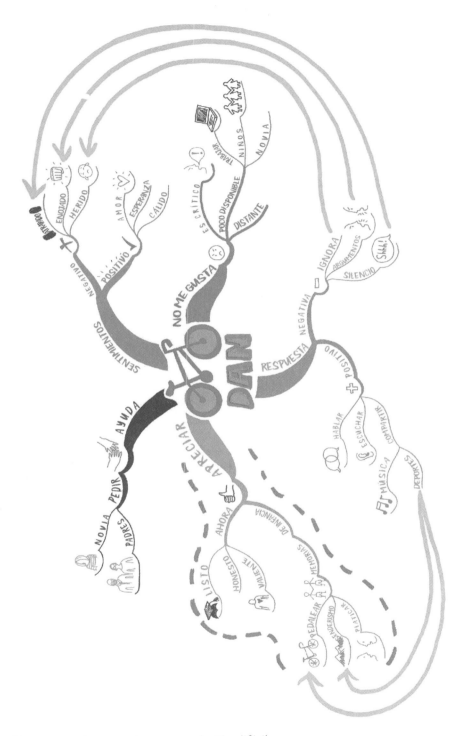

Mapa mental para mejorar una relación difícil

positivos. La segunda rama ahonda en los detalles de lo que al cartógrafo no le gusta de su hermano, en tanto que la tercera rama destaca con mayor detalle la propia respuesta del cartógrafo hacia Dan; al hacer esto, empieza a entender cómo le puede responder a Dan de una mejor manera. La cuarta rama, que termina siendo la más grande, examina todas las cosas que el cartógrafo ama de su hermano, y la rama final analiza de qué manera puede contribuir a apoyar sus intentos de reconciliación. Curiosamente, la novia, que en un principio se percibía como un problema (una de las razones por las que Dan es inaccesible), se convierte en una fuente de ayuda potencial en esta rama.

Traza un mapa mental honesto, abierto y equilibrado. Trabaja con tus emociones, pero permanece receptivo: para cada negativo potencial, incluye un positivo. Si encuentras el proceso inquietante, haz una pausa y vuelve al mapa cuando te sientas más tranquilo. Cuando regreses a él, tal vez encuentres que éste ya revela todo tipo de posibilidades que te ayudarán a encontrar una salida a esa situación.

Aplicación clave 2: Trabajo

De acuerdo con estadísticas recientes, el británico promedio pasará el equivalente a 12 años completos de su vida en el trabajo. Más aún, los investigadores de la Universidad Metropolitana de Londres encontraron que cuatro años de ese lapso los pasará al teléfono. Un estudio realizado por *Management Today* establece que los empleados del sector público probablemente inviertan cerca de dos años de su vida laboral en reuniones, y cerca de seis meses de este tiempo se desperdiciará en minucias innecesarias y discusiones sin sentido.

Frente a tales descubrimientos, ¿cómo podemos hacer nuestras vidas laborales más productivas y disfrutables? Con mapas mentales, ¡por supuesto!

Ya sea que estés elaborando un mapa
mental con fines de investigación o para
proyectos de administración, plantéalo
con un espíritu lúdico más que como una
tarea, para lograr un resultado doblemente
beneficioso.

Las siguientes páginas analizan algunos usos claves de los mapas mentales
en el entorno empresarial, desde administración del tiempo, investigación,
hasta redacción de informes. Revisa también el Capítulo 5 para aplicaciones
más avanzadas del mapeo mental en el trabajo y en cualquier otra parte.

Administración del tiempo

El mapeo mental es una herramienta multitareas, así que es ideal para ayudarte a hacer muchas cosas. Ya hemos visto lo útil que es un mapa mental
para planear tu semana (página 80). ¿Estás tan atrapado en las exigencias
cotidianas del trabajo que nunca tienes oportunidad de planear y priorizar? Crear un mapa mental enfocado en el trabajo al inicio de la semana
laboral, o tal vez al final de la anterior, es una excelente forma de obligarte
a detenerte y reconsiderar tus prioridades. Un mapa mental para la administración del tiempo se puede estructurar en torno a los días de la semana, resaltar plazos y acontecimientos importantes, o tal vez las IBO pueden
reflejar los diferentes proyectos en los que estás trabajando, con sub-ramas
que analicen las prioridades claves de cada proyecto en la semana siguiente. Puede parecer ilógico suspender el trabajo para crear un mapa mental,
pero el tiempo que dediques a administrar tu tiempo a la larga generará
incluso más tiempo.

Investiga un tema

Si trabajas en una oficina es probable que en cierto momento tengas que llevar a cabo alguna investigación. Ésta puede ser sobre evolución de las ventas, exploración de nuevos mercados o nuevos métodos para el ahorro de dinero en las tareas existentes.

Cuando emplees un mapa mental para investigar un tema, crea una imagen central que lo defina en forma sucinta y positiva. La primera de tus ramas principales puede representar el enfoque o el ángulo que intentas darle, en tanto que la segunda puede enumerar el tipo de información que necesitarás investigar, como documentación, opinión, hechos duros y otros tipos de investigación y análisis ya existentes. Una tercera rama se puede relacionar con tus fuentes, con sub-ramas para fuentes primarias y secundarias. Tu cuarta rama sería para la forma en la que evalúas tu material, en tanto que una quinta analizaría la mejor manera de organizar tu información y hallazgos. Tal vez valdría la pena dedicar una sexta rama a la manera idónea de presentar tu investigación para maximizar su impacto.

Las sub-ramas estudiarían estas áreas principales con más detalle. En la medida en que las llenes te sorprenderán las ideas que surgen —no las censures—. El mapeo mental es formidable para "pensar fuera de la caja". No temas dejar a veces sub-ramas vacías; eso te alentará a encontrar soluciones creativas para llenar los huecos.

Redacta un reporte anual

En el ejemplo del mapa mental de la página siguiente te enfrentas a la intimidante tarea de generar un reporte anual. Si bien hacer pública tu contabilidad en un reporte anual es un requisito legal, ésta también es una oportunidad de exhibir tu negocio y sus buenos resultados durante el año anterior para atraer inversionistas y clientes y hacer que tu empresa sobresalga en el mercado.

La imagen central podría ser algo que condense la visión de la empresa para ayudarte a mantenerla en el centro de tu mente. Si eres fabricante de

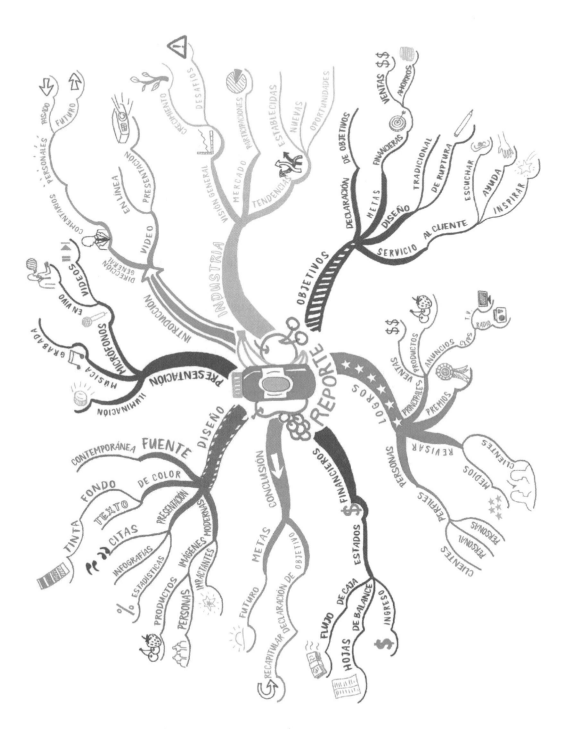

Mapa mental para redactar un reporte anual

jugo orgánico, como en el ejemplo de este libro, tal vez te gustaría dibujar una botella moderna rodeada de fruta.

Ahora trabaja en la estructura de tu reporte, asignando una rama a cada elemento. Mientras trabajas probablemente encontrarás que te llegan a la mente soluciones creativas y enfoques poco comunes. Por ejemplo, tal vez se pueda filmar al director general leyendo la introducción y en la versión en línea del documento colocar un enlace a dicha grabación. Una rama puede analizar la visión de conjunto de la industria y las oportunidades y desafíos que los cambios recientes han presentado a tu empresa. La rama siguiente puede ahondar en la sección de reportes: un resumen de los objetivos de la empresa, especialmente sobre metas financieras, la necesidad de adelantarse al mercado en términos de diseño y también de ofrecer un excelente servicio al cliente.

Después dirígete hacia los logros —ésta es una rama importante, así que sé creativo en el diseño de tu mapa mental—. Una rama te recordará los detalles financieros que debes incluir, y puedes usar otra para analizar posibles conclusiones. Por último, emplea una o dos ramas para ideas sobre el diseño del documento (esto es especialmente importante si trabajas en una industria artística o de moda) y de la presentación misma, si es que el reporte se va a entregar como parte de un evento.

Si estás involucrado en la academia o en la educación, puedes adaptar un reporte anual tipo mapa mental para impartir conferencias, presentar trabajos o redactar ensayos (ver **Planeación fácil**, página 99).

Restringe tu mapeo mental a intervalos de 20 minutos para mantener tu cerebro relajado y tu pensamiento fresco.

Un viaje en la alfombra mágica del mapeo mental

Como excelentes herramientas para planear y memorizar, los mapas mentales tienen una afinidad especialmente sólida con las esferas del trabajo y la educación, haciendo estos aspectos de nuestras vida satisfactorios y placenteros, como lo demuestra la historia del doctor Dilip Abayasekara, nacido en Sri Lanka.

Actualmente, Dilip es un solicitado orador profesional, formador de comunicadores y autor, entre cuyos libros se encuentra *The Path of the Genie: Your Journey to Your Heart's Desire* [El camino del genio: tu travesía hacia lo que desea tu corazón]. También fue presidente internacional de Toastmasters International, una organización mundial sin ánimo de lucro que prepara a las personas para que se conviertan en líderes y comunicadores efectivos. Sin embargo, Dilip inició su carrera como científico. Un día, de camino a su trabajo empezó a escuchar una cinta sobre mapeo mental y anheló saber más. Él continúa su historia.

> Empecé a hacer mapas mentales y descubrí su poder desde mi primer intento. En esa época yo era un científico. Aplicaba el mapeo mental a mi trabajo y lo usaba para resumir los informes de mis cuadernos de laboratorio y para analizar cuestiones técnicas, observar patrones, mejorar mi comprensión y organizar información. El descubrimiento de las aplicaciones potenciales del mapeo mental era una experiencia alucinante y liberaba mi mente a medida que lo aplicaba en cualquier cosa y a todo. También descubrí que si cartografías tus pensamientos puedes pensar mejor. Estaba tan entusiasmado con el poder de esta herramienta que se la enseñé a mi esposa y a mis dos hijos.

Más adelante, hubo una transición en mi carrera: de ser científico pasé a ser formador de comunicadores, profesor universitario y pastor (actividades que sigo desempeñando actualmente). La única herramienta indispensable que es común a todas estas emocionantes aventuras es el mapeo mental. He enseñado a cientos de profesionistas y pastores a hacer mapas mentales.

Era (y sigo siendo) un ferviente conferencista y miembro de Toastmasters, así que es completamente natural aplicar el mapeo mental a la preparación de una conferencia. Lejos están los días en los que batallaba con un discurso y escribía cada oración ¡en forma lineal! No sólo descubrí que la preparación de la conferencia era más amena, sino que generaba más ideas, ahorraba más tiempo y tenía el mapa mental tan grabado en mi mente ¡que no tenía necesidad de consultar mis notas al momento de pronunciar el discurso! De hecho, recuerdo que un día que me dirigía a una reunión de un club de Toastmasters, que se ubicaba a una hora de distancia, le pedí a mi hija preadolescente que trazara el mapa mental de un discurso que le dicté mientras manejaba. Esa noche, la conferencia que di se basó en el mapa mental que elaboró mi hija.

Si alguna vez alguien duda de su capacidad para pensar de manera inteligente y creativa —me divierto haciendo esto—, le ofrezco una solución: deja de arrastrar tus pies mentales en el camino de la vida; ¡salta a la alfombra mágica del mapeo mental! Es una herramienta para la liberación de la mente y un camino hacia la alegría de descubrir la propia e ilimitada capacidad para pensar, crear y disfrutar al emplear lo que con frecuencia damos por hecho: ¡la mente!

Excelente administración de proyectos

Ya sea que estés organizando una conferencia, lanzando una nueva gama de productos o montando una obra de teatro escolar, la gestión de proyectos es un proceso potencialmente complicado y que implica mucho tiempo. Por lo general, involucra cierto número de etapas, desde la generación de ideas hasta planear, delegar, asignar recursos, dirigir y producir el resultado final. Un mapa mental puede ser de gran ayuda en cada etapa de la gestión del proyecto.

Para tener la seguridad de que el tuyo sea efectivo, emplea una hoja de papel blanca lo suficientemente grande para contener todos los pasos que necesitas dar, o usa minimapas mentales en donde sea necesario (ver Capítulo 4, página 137). Mantén la mente abierta en cada etapa del procedimiento, y evalúa el potencial de cada pieza en cada nueva entrada. Asegúrate de que cada tarea o consideración importante en el proyecto se asigne a una rama principal propia. Cuando las tareas deban abordarse de manera urgente, haz énfasis en las palabras y las imágenes relacionadas con ellas con un rotulador. En cuanto éstas hayan sido terminadas, márcalas con una palomita de satisfacción.

Para una versión avanzada de un mapa mental de administración de proyectos, ver la versión de la página 101 que el emprendedor polaco Marek Kasperski creó para sus estudiantes, que incluye ramas para objetivos, calendario, agenda, logros, calidad, presupuesto, calendario, reportes, recursos, seguimiento y cierre de proyecto. Puedes elegir y adaptar las IBO a tu propio proyecto.

Aplicación clave 3: Educación

Creo que a cada niño en este planeta se le debe enseñar a hacer mapas mentales como parte de su derecho básico a una educación completa. La experiencia y los estudios han demostrado que los mapas mentales pueden ayudar a los niños pequeños y a los estudiantes de todas las edades a mejorar sus niveles de concentración y comprensión, memorizar información con mayor facilidad y prepararse con confianza para los exámenes.

Al igual que cualquier práctica, si se desea alcanzar la perfección es mejor empezar joven. (Piénsese en esos incipientes violinistas que se gradúan de la escuela Yehudi Menuhin y continúan su carrera hasta convertirse en superestrellas como Nigel Kennedy y Nicola Benedetti). Ya he mencionado que mis aventuras con el mapeo mental empezaron cuando era estudiante, y hasta la fecha me llegan historias de maestros y estudiantes de todo el mundo que han descubiertos los beneficios de esta increíble herramienta de pensamiento.

Pero no sólo confíen en mi palabra.

Revisión

Como ya debe haber quedado claro, los mapas mentales son magníficas ayudas para la revisión, ya que convierten textos extensos en cápsulas de información que se digieren con facilidad. En cierto punto durante nuestra educación, muchos de nosotros hemos estudiado las obras de grandes autores y pensadores, y tuvimos que memorizar lo suficiente con el fin de responder preguntas en un examen. En el Capítulo 1 vimos a Shakespeare como un ejemplo general sobre cómo hacer un mapa mental. Ahora enfoquémonos en uno de sus trabajos más conocidos: la tragedia de *Macbeth*.

De acuerdo con la superstición, se dice que *Macbeth* es una obra maldita, y los actores creen que es de mala suerte pronunciar su nombre en el teatro. En su lugar, emplean el eufemismo de "la obra escocesa". En el núcleo de la obra se halla el personaje de Macbeth, un guerrero héroe cuyas ambiciones personales y excesivo orgullo lo conducen a su ruina. Un mapa mental sobre la figura de Macbeth colocaría una imagen suya en el centro. Como he subrayado anteriormente, no debes preocuparte por tus habilidades artísticas, o sentirte inhibido en cualquier sentido cuando creas imágenes para tu mapa mental.

Un simple esbozo funciona tan bien como un dibujo minucioso como imagen central, siempre y cuando sea colorido, esté lleno de energía y condense el tema para ti.

Uno de los principales rasgos de Macbeth es su ambición, así que ésta es la palabra que se coloca en la rama principal de este mapa mental. La rama termina en una flecha para simbolizar sus desmedidas aspiraciones. El resto de las ramas principales se refieren a otros rasgos dominantes de su personalidad, incluyendo su valor en el campo de batalla, sus remordimientos y la forma en la que se transforma de un héroe en un monstruo devorado por la ambición.

El mapa mental empieza a germinar sub-ramas para demostrar cómo, por ejemplo, la ambición de Macbeth se expresa en su deseo de ser rey y de establecer su propio linaje real. Se agregan más sub-ramas relacionadas con las formas en las que cada uno de los rasgos dominantes de la personalidad de Macbeth se relaciona con actos de la obra —como la manera en la que su valor se transmuta en miedo, y cómo acalla los escrúpulos de su conciencia para justificar el asesinato.

El mapa mental terminado refleja la transformación de Macbeth de héroe a nada y demuestra cómo su caída contribuye al desenlace de la obra. Observa cómo las imágenes crean un sentido de energía y atrapan las diferentes facetas del carácter de Macbeth, desde los trazos dentados de la rama "artero" hasta los ribetes de caja fuerte de la rama "valor". Puedes adoptar este enfoque creativo para presentar una visión general de cualquier tema que elijas.

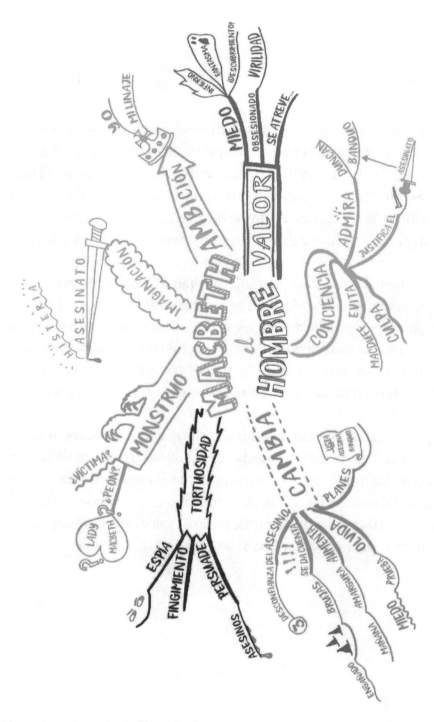

Mapa mental para revisión: *Macbeth*

Planeación fácil

En lugar de un aburrido ensayo lineal, usa un mapa mental para estructurar tu trabajo escrito. Un mapa mental te proporcionará una útil visión general del enfoque que pretendes en una primera etapa, y te ayudará a identificar y resolver cualquier posible deficiencia en tu razonamiento antes de que te empantanes. Crea una imagen central que refleje el enfoque central de tu ejercicio, y dibuja ramas principales que partan de ella para representar tu introducción, tu argumento central y tu conclusión. Añade una rama para tu investigación y otra para cualquier otra información importante. También puedes agregar ramas para textos claves o cifras que sean fundamentales para tu trabajo. Emplea sub-ramas para los temas que corren a lo largo de obra, así como flechas conectoras para desarrollar vínculos entre los diferentes capítulos de tu ensayo. La fragmentación también puede ser una forma productiva de agrupar temas importantes. Asegúrate de emplear símbolos e imágenes a lo largo de todo el ensayo para implicar a tu cerebro y tu imaginación.

En la medida en que tu mapa mental crece, algunas palabras claves e imágenes pueden de pronto convertirse en supernovas al estallar en su entorno, generando nuevos minimapas mentales. Mantén tu mente y tus alternativas abiertas, y sigue el camino por el que te conducen (ver Capítulo 4, página 137 respecto a la utilización de los minimapas mentales para hallar soluciones).

Una vez que hayas terminado el anteproyecto de mapa mental, que hayas perfeccionado tu razonamiento y que hayas completado los detalles de tu introducción y tu conclusión sobre la marcha, puede resultarte útil hacer que este anteproyecto sea la base de otro mapa mental más "pulido". Cuando redactes el trabajo final menciona ambos mapas.

Los pasos para redactar un ensayo también se pueden adaptar de manera que tu mapa mental se convierta en un excelente asistente, como en el ejemplo en el que se analiza la personalidad de Macbeth.

Un mapa mental para todas las edades

A veces se me pregunta si gente de todas las edades puede usar los mapas mentales con igual éxito. La respuesta a esta pregunta es un sonoro ¡SÍ!

> La habilidad para hacer mapas mentales no depende de la edad, sexo, color o credo; un mapa mental es un reflejo de la inteligencia en bruto.

El mapa mental es el reflejo del funcionamiento interno de la mente. Por consiguiente, un niño brillante e imaginativo tiene las mismas probabilidades de crear un mapa mental útil que un director general con una reputación de muchos años. Aún más, todos los niños vienen provistos de un "equipo" de preguntas —¿por qué? ¿cómo? ¿qué? ¿cuándo? ¿dónde?— que funcionan como picos para alcanzar las cimas del conocimiento. Los adultos harían bien en adoptar un enfoque infantil cuando crean mapas mentales.

Recordemos las leyes del mapeo mental (ver Capítulo 2, página 58). Las leyes no hacen énfasis en la experiencia o la pericia. En el mapeo mental, el empleo del color, la imaginación y la inventiva confirman el desarrollo natural de la habilidad artística. Además, un mapa mental se construye a partir de imágenes y de palabras claves individuales, más que con frases ingeniosas. Esto quiere decir que un mapa mental evita el lenguaje, la palabrería y el artificio para llegar al meollo del asunto de una manera que recuerda ligeramente a la forma en la que un niño pequeño habla.

Por último, un mapa mental descansa en el poder del pensamiento radiante más que en la deducción y la reducción. Como una herramienta de pensamiento abierto, el mapa mental traza los procesos del cerebro en acción más que obsesionarse con conclusiones y resultados.

Plantar un jardín de ideas

Marek Kasperski es un empresario polaco, editor en línea de la revista *Synapsia* y profesor. A continuación, explica cómo los mapas mentales sustentan sus métodos de enseñanza, ya que estos muestran el tipo de detalles que se pueden incluir en una versión avanzada.

Un mapa mental es como un jardín donde las ideas se cultivan y florecen para inspirar a otros. Como profesor de educación superior, con frecuencia necesito explicar conceptos difíciles a estudiantes con diferentes aptitudes. Los mapas mentales no sólo ayudan a mis estudiantes a comprender estos conceptos, sino que resulta mucho más fácil para ellos revisar y recordar los puntos sobresalientes. El mapa mental estimula su imaginación, los inicia en un viaje y los ayuda a descubrir nuevas áreas a explorar. Yo los aliento a que creen su propio mapa mental durante las clases. Ello con frecuencia los lleva a plantear preguntas que de otra manera no habrían considerado, lo que beneficia a todos.

Los mapas mentales que creo para mis clases van desde pequeños mapas conceptuales a los más grandes que abarcan todo un tema. Pienso que es fundamental observar las leyes del mapeo mental. Mis alumnos responden a las imágenes muy bien, especialmente aquellos que hablan inglés como una segunda lengua, pues las imágenes hablan un idioma universal. El color en un mapa mental es muy importante. No sólo es divertido, es fundamental para ayudar a mis estudiantes a enfocarse en cada rama y analizar la información que ésta contiene. Estimulo a mis estudiantes a que empleen imágenes en vez de palabras, o a que combinen ambas. Muchos de los conceptos que analizo en mis mapas mentales están vinculados con otras ideas dentro del mismo. Éste es un gran beneficio ya que ayuda a entrelazar las ideas en un panorama general.

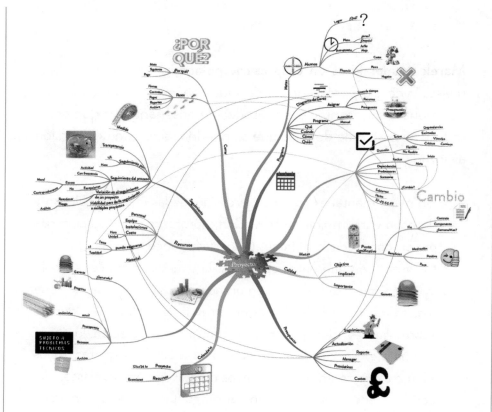

Mapa mental sobre la administración de un proyecto por Marek Kasperski

¿Qué quieres saber?

Soy un creyente del aprendizaje permanente. ¿Alguna vez te has sentido tentado a estudiar una materia nueva o a adquirir una nueva habilidad?

Sin importar tu edad o circunstancia, tienes todo el derecho de seguir presionándote para ejercitar tu cerebro —lo que te ayudará a involucrarte con la vida y conservar tus facultades mentales aguzadas—. Si deseas cultivar tu talento o profundizar en la comprensión de un tema en particular, te incito a que explores ese deseo en la forma de un mapa mental.

¿Qué tema te interesa? Utilízalo como la base de tu imagen central —y haz esa imagen colorida, imaginativa e inspiradora—. Para seleccionar las ramas principales, empieza por plantearte estas preguntas:

- ¿Qué beneficios tendría para ti estudiar ese tema?
- ¿Qué herramientas o guías de estudio necesitas?
- ¿Dónde puedes estudiar?
- ¿De qué manera tu tema se vincula con la sociedad?
- ¿Qué resultados esperas obtener de tu estudio? ¿Calificaciones? ¿Habilidades? ¿Mejorar tu currículum vitae?
- ¿Qué consideraciones u obstáculos existen? ¿Cómo los puedes abordar?

Desarrolla tus sub-ramas para examinar estos puntos, y otros relacionados, con más detalle, y anima el mapa mental con imágenes y símbolos a lo largo del mismo. Una vez que hayas acabado, échale un buen vistazo. ¿Qué pasos tomarás a la luz de lo que has descubierto?

Aplicación clave 4: Creatividad

La creatividad es como el huevo de oro del desarrollo personal: todos queremos ser más creativos; sin embargo, ¿cómo trepar por los frijoles mágicos, reclamar el tesoro de la creatividad y llevarlo a nuestras vidas? A muchos de nosotros, cuando jóvenes, se nos inculcaron muchos mitos dañinos: que las personas creativas son rebeldes, poco confiables, imprudentes y un peligro para ellas y los demás; que son de alguna manera "especiales" y están separadas del resto de la sociedad. Si éste es el caso, tal vez no sea sorprendente que a veces nos neguemos a reconocer nuestra propia creatividad.

Un enfoque mucho más productivo y equilibrado reconoce las muchas fortalezas de las personalidades creativas: son pioneras, rompen límites, son creadores y personas inteligentes dispuestas a asumir riesgos. Son con mucho más frecuencia originales, flexibles, enfocadas, pintorescas, motivadas y visionarias. Son como niños sin ser infantiles.

El pensamiento creativo no es prerrogativa de los genios: sencillamente es la habilidad para pensar de forma original y romper con la norma. Al igual que un músculo, tu creatividad se fortalecerá en la medida en que la ejercites. Mientras más practiques el pensamiento creativo:

- **Te será más fácil concebir nuevas ideas.**
- **Serás más receptivo a nuevas perspectivas.**
- **Tus ideas serán más originales.**

La creatividad está relacionada con el juego, otra parte crucial de la vida: la clave del aprendizaje, el descubrimiento, la relajación, el bienestar y la productividad. Todas las aves y los mamíferos juegan, tanto en estado salvaje como domesticados, al igual que algunos peces, los reptiles e incluso los insectos. Durante la infancia, el juego cambia las conexiones de las neuronas en la corteza prefrontal y ayuda a cablear el centro de control ejecutivo del cerebro, el que desempeña un papel clave en el manejo de las emociones, la formulación de planes y la resolución de problemas. El juego forja las conexiones entre las neuronas y las dendritas, y, por lo tanto, construye una red de conexiones en el cerebro del niño —o, poniéndolo de otro modo, como vimos en el Capítulo 1 (página 51), en el mapa mental interno del niño.

Si tenemos suerte, nuestro trabajo a veces puede sentirse como un juego. Si no somos tan afortunados, necesitamos buscar maneras de introducir un elemento lúdico en nuestras vidas. En la página 103 vimos cómo usar el mapeo mental para elegir un nuevo tema de estudio o adquirir una habilidad nueva; esta técnica se puede adaptar fácilmente para encontrar un pasatiempo o un deporte placentero. También te puede ayudar a aprovechar al máximo tu tiempo libre encontrando formas gratificantes para relajarte.

> Dime, ¿qué planeas hacer con tu única,
> salvaje y preciosa vida?
>
> Mary Oliver, *The Summer Day*

Sácale provecho a tu tiempo libre

Dice el dicho: "Nadie ha exclamado en su lecho de muerte: 'Me hubiera gustado haber pasado más tiempo en la oficina'". Estoy seguro de que lo mismo se aplica para la televisión. En palabras de la poetisa estadounidense Mary Oliver, sólo tenemos "una única, salvaje y preciosa vida", así que utiliza un mapa mental para sacarle el máximo provecho a la tuya en cualquier forma que te proporcione satisfacción y realización.

Si sientes que cada momento parece estar lleno de ocupaciones, un mapa mental te puede ayudar a identificar las horas del día que puedes dedicarte y también para analizar lo que realmente quieres hacer con ellas. Ya sea que decidas aprender algo nuevo, tomar clases vespertinas o pasar tus fines de semana en un gimnasio o en una cancha de futbol, tú eliges.

Como un mapa mental como éste tiene que ver con sentirte tú mismo y expresar tu creatividad, trata de ser lo más imaginativo que puedas en el empleo de tus imágenes. El ejemplo de la página 106 está lleno de ilustraciones inspiradoras, incluyendo un reloj envuelto con un moño que representa el

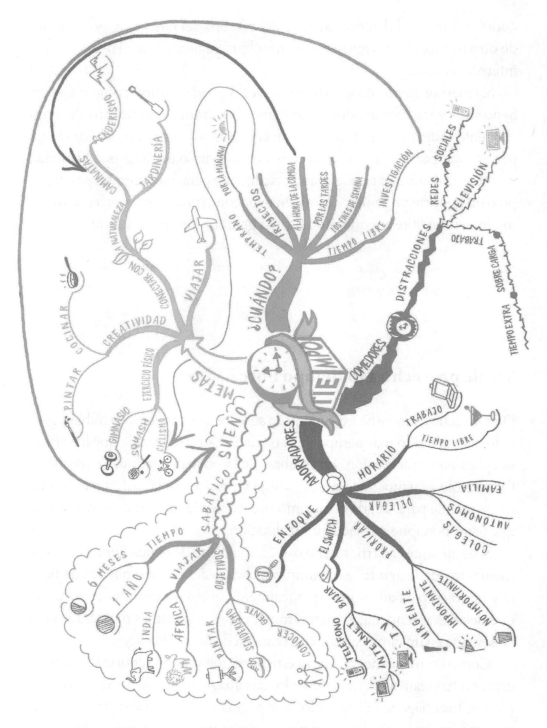

Mapa mental para aprovechar al máximo tu tiempo libre

regalo del tiempo que te estás dando a ti mismo, y otras que expresan metas, como pintar, hacer senderismo o viajar más.

Puedes utilizar un mapa mental no sólo para encontrar exactamente qué quieres hacer en tu tiempo libre, sino también para ejercitarte cuando puedas hacerlo: podrías disfrutar algunas actividades durante la comida o incluso durante tus desplazamientos, en tanto que otras las debes ajustar a las tardes entre semana o a los fines de semana. ¿Tal vez sueñas con tomar un año sabático y viajar a África o a India? Si es así, ¡ponlo en tu mapa mental! Sólo reconociendo nuestras metas podemos hacer que éstas se hagan realidad.

Por supuesto que la creatividad puede adquirir muchas formas —desde pintar el techo de la Capilla Sixtina a preparar un delicioso almuerzo; desde escribir un libro hasta organizar una fiesta; desde componer una sinfonía hasta tocar el silbato. Cualquiera que sea la forma que adopte la creatividad, un mapa facilitará su expresión.

Un ejercicio de creatividad

En el Capítulo 1 (ver página 33) expliqué el concepto de pensamiento radiante y te introduje en el lenguaje humano. En él descubrimos cómo cada humano —incluidos tú y yo— domina con fluidez las dos facultades de asociación e imaginación desde el nacimiento. Ahora me gustaría invitarte a jugar un pequeño juego.

He empleado versiones de este ejercicio durante muchos años al enseñar mapeo mental y técnicas de mejoramiento de la memoria, y me intrigó descubrir que el finado gran poeta inglés Ted Hughes desarrolló simultáneamente una práctica similar al enseñar a sus estudiantes a escribir poesía. Es un ejercicio que revela la chispa creativa que existe en cada uno de nosotros. Ten un diccionario a la mano antes de empezar.

- Elige un objeto al azar. Puede ser algo que esté en la habitación o algo que surja en tu mente.

- Cierra los ojos, abre rápidamente el diccionario y coloca tu dedo en la página.
- Ahora, abre los ojos y escribe la palabra que elegiste.
- Repite la operación nueve veces, buscando al azar en el diccionario, hasta que tengas diez palabras diferentes.
- Ahora encuentra tantas asociaciones como puedas entre el objeto y cada una de las palabras.

Si te resulta un poco difícil al principio, sigue adelante y te prometo que encontrarás asociaciones, ¡por más descabelladas que te puedan parecer!

Después de aproximadamente 20 minutos, lee tus conexiones.

Bastante creativo, ¿verdad?

Cómo vivir creativamente

Phil Chambers es Campeón Mundial de Mapeo Mental, Árbitro Principal del Consejo Mundial de Deportes de Memoria, exitoso hombre de negocios y autor de *How to Train Your Memory* [Cómo entrenar tu memoria], nos explica de qué manera los mapas mentales han conformado su pensamiento creativo durante tres décadas.

En la escuela, los mapas mentales me ayudaron a estudiar para los exámenes. En esa época eran un poco más que diagramas como arañas con mucho color, pero sin estructura, e incluían frases. Sin embargo, eran considerablemente más útiles que las listas. En la universidad mi estilo mejoró y grandes mapas mentales adornaban las paredes de mi dormitorio.

Ahora utilizo los mapas mentales para estructurar mi escritura. Es lógico pensar con claridad sobre lo que quieres decir antes de

Mapa mental sobre los usos del mapeo mental por Phil Chambers

sentarte a teclearlo. Al separar el proceso del pensamiento del de la escritura, hago muy pocas modificaciones y el resultado es un documento más coherente. Esto es especialmente importante al escribir libros.

Como instructor, gran parte de mi trabajo es hacer presentaciones. Para prepararme hago un mapa mental con los diferentes temas, acciones y flujo de conceptos. Ello me permite construir proyecciones apropiadas y después puedo usar el mapa mental como la ilustración perfecta para guiar a los estudiantes en la sesión.

Un problema importante de una vida atareada es el empleo del tiempo. Un mapa mental es la herramienta perfecta para esto, desde un rápido programa diario hasta uno mensual. Me gusta tener un mapa mental al lado de mi escritorio y un rotulador para poder tachar las tareas concluidas.

Como los mapas mentales pueden ser obras de arte, me gusta darlos como regalo en la forma de tarjetas de cumpleaños o de

Navidad. Se ha vuelto una tradición para mí cada año tomar un villancico y crear un mapa mental animado, con humor e imágenes, de la letra. Como pueden observar en el mapa mental a continuación, el mapeo mental desempeña un papel central en buena parte de mi vida.

Aplicación clave 5: Bienestar

Existe una relación positiva comprobada entre el bienestar físico y el desempeño mental. Actualmente, grupos de presión están haciendo campaña para obligar al gobierno a reconocer la conexión entre los dos en la formulación de políticas públicas, ya que argumentan que la salud mental y la salud física no deben concebirse como entidades separadas.

Siempre he disfrutado de las actividades físicas, como remar y correr; soy un firme convencido de que, para que te puedas desarrollar mentalmente, debes cuidar tu bienestar físico. También creo que lo contrario es verdad: que una salud mental deficiente puede ser perjudicial para la salud física, e incluso puede empeorar ciertas condiciones.

Sir Steve Redgrave, cinco veces medallista olímpico, tiene un conocimiento muy desarrollado sobre la conexión cuerpo-mente. Ha hecho énfasis sobre lo vital que resulta el cerebro para el éxito en el campo del deporte al afirmar: "Cuando compites en un nivel alto tienes que ser muy fuerte mentalmente". También es un firme partidario del trabajo que mis compañeros cartógrafos y yo realizamos:

> "Tony Buzan es una de las pocas personas que he conocido que entiende plenamente la importancia del cerebro para cualquier deportista, hombre o mujer".

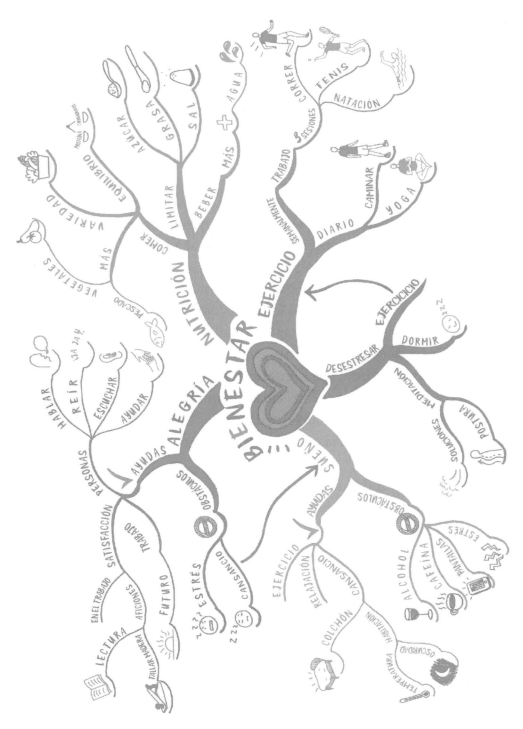

Mapa mental para alcanzar el bienestar holístico

Alcanzar el bienestar holístico

Actualmente sabemos que ponerse en forma no es sólo enfocarse en el ejercicio y en dietas restrictivas, sino promover un bienestar completo, incluyendo nutrir nuestros cuerpos correctamente, dormir lo suficiente, eliminar el estrés y hacer las cosas que nos dan felicidad. La buena noticia es que no tienes que gastar una fortuna en un entrenador personal o en un asesor de imagen para que te ayude a sentirte y verte bien. En lugar de eso utiliza un mapa mental para generar un plan de bienestar holístico propio. Trata de crear imágenes que te inspiren al irradiar vitalidad y buena salud. Las ramas principales pueden reflejar las zonas claves que contribuyen a un bienestar integral —el ejemplo en la página 111 explora la nutrición, el ejercicio, eliminar el estrés, el sueño y la felicidad, pero tú puedes enfocarte en áreas ligeramente diferentes—. Cuando completes las sub-ramas, buscando lo que favorezca y lo que obstaculice tu bienestar general, verás cómo ciertas actividades te benefician de diferentes formas. Tal vez el ejercicio asoma no sólo como un objetivo de bienestar en sí mismo, sino también como una forma de dormir más y de eliminar el estrés, lo que su vez ayuda a promover la felicidad. En mi experiencia, la salud mental y la condición física son indisolubles. Cuanto más trabajes en un mapa mental, más te hablará y te ofrecerá todo el asesoramiento que necesites.

¡Haz del mapa mental tu principal entrenador personal!

Come bien

Un mapa mental más específico también se puede usar para la nutrición, para asegurarte de que tienes una dieta saludable que incluye los grupos principales de alimentos en equilibrio (carbohidratos, proteínas, lácteos, frutas y vegetales, así como grasas y azúcares).

Puedes usar un mapa mental como un organizador de alimentos semanal al adaptar tu organizador personal semanal (ver página 111) para enfocarte en la comida más que en las actividades. Las sub-ramas pueden enlistar las principales comidas del día, extendiéndose para detallar los ingredientes de cada comida, así como su valor nutricional. Si creas un mapa mental que se enfoque en comer bien al inicio de cada semana, te harás de una práctica lista de la compra.

Si buscas incluir más vitaminas y minerales en tu dieta, trata de enfocarte con mayor detenimiento en tu dieta, y crea un mapa mental que los enliste junto con los alimentos que los contienen. No siempre resulta evidente dónde se encuentran las principales vitaminas, así que a continuación proporciono una lista.

Vitamina/Mineral	Las fuentes incluyen
Vitamina A	Queso, huevos, aceite de pescado, leche y yogur, hígado y paté de hígado
Vitamina B	Chícharos, fruta, huevos, carne, vegetales
Ácido fólico	Brócoli, espinacas, espárragos, chícharos, garbanzos
Vitamina C	Cítricos, pimientos rojos y verdes, fresas, papas
Vitamina D	Aceite de pescado, carnes rojas, hígado, yema de huevo
Vitamina E	Semillas y nueces, aceite de oliva, germen de trigo
Vitamina K	Vegetales de hojas verdes, aceites vegetales, cereales
Calcio	Leche, vegetales de hojas verdes, tofu, soya, nueces
Yodo	Pescado, mariscos, nueces, vegetales de hojas verde oscuro

Una vez que te hayas decidido sobre una imagen en particular (tal vez una botella con una etiqueta con las iniciales "v y m" o, si te gusta dibujar gente, una imagen de alguien que irradia salud), crea ramas para cada uno de los principales grupos de vitaminas y minerales, después rellena las sub-ramas con símbolos e imágenes maravillosas, tal vez partiéndolos para agruparlos. Utiliza flechas conectoras para destacar los vínculos entre diferentes grupos. Una vez terminado, puedes enmarcar tu magníficamente ilustrado mapa mental y colgarlo de la pared como una guía e inspiración para asegurarte de que siempre tengas una dieta equilibrada y variada.

Aplicación clave 6: Memoria

Como ya he explicado, originalmente inventé el mapa mental como una herramienta mnemotécnica, y sigue siendo uno de los medios más poderosos disponible para recordar vastas cantidades de información. Cada uso de los mapas mentales que comprende este capítulo refuerza tu memoria de alguna manera, desde incorporar los puntos centrales de un texto a tu cerebro para un examen o para redactar un ensayo, hasta recordar todo lo que tienes que hacer en las semanas próximas y además que tienes que ejercitarte y comer bien.

Hemos visto lo importante que es el poder de asociación en la creación de un mapa mental: al combinarlo con la imaginación, proporciona alimento y agua a las ramas de tu mapa mental, estimulándolas a que irradien en forma orgánica desde la imagen central. Además, la asociación funciona como una llave para la memoria misma.

Los científicos cognitivos Allan M. Collins y M. Ross Quillian estudiaron en 1969 la manera en que se organizan los recuerdos para una consulta eficiente, que nos permita echar mano de nuestros bancos de recuerdos sin ningún titubeo. Hallaron que nuestra memoria semántica (una manera en la que le damos sentido al mundo a través de la lógica y el lenguaje) está organizada como una biblioteca de todo tipo, con categorías o nódulos interrelacionados que representan rasgos o conceptos específicos, los que a su vez están conectados con otros.

Nuestras experiencias individuales conforman estas conexiones, lo que significa que todo mundo tiene su propia telaraña de asociaciones: por ejemplo, "pájaro" está conectado con "vuelo" que está conectado con "cielo".

Un mapa mental trabaja en armonía con este proceso al tomar un asunto y emplear la imaginación y la asociación para vincular todo lo que el cartógrafo sabe sobre el tema.

La naturaleza individual de nuestras redes semánticas es una de las razones por las que un mapa mental es inevitablemente una creación personal: para sacarle el máximo provecho y mejorar nuestras posibilidades de memorizar la información que contiene, debes crear tu propio mapa mental en lugar de confiar en alguno que alguien más haya hecho. Ésta es una de las razones por las que personalmente prefiero los mapas hechos a mano que las versiones digitales, por útiles que éstas sean. También puede ser un poco más difícil comprender el mapa mental de otra persona, ya que la manera en que esa persona asocia y vincula la información puede no ser igual a la tuya, y esa pequeña dificultad hará que el mapa mental te sea menos útil.

Cuando intentamos estudiar y memorizar información suelen ocurrir problemas en la memoria a corto plazo, que es donde la nueva información se recopila antes de que se transmita a la memoria a largo plazo. Anteriormente en este capítulo (ver página 69), vimos cómo el psicólogo George Armitage Miller descubrió que la memoria a corto plazo sólo puede contener aproximadamente siete pedazos de información. Si dicha información va a ser conservada por la memoria a largo plazo debe repetirse antes de transmitirse, razón por la que estudiar de último momento para un examen puede ser tan difícil: para que la información se recuerde de manera eficiente tiene que recopilarse y conectarse en alguna forma. Y aquí, por supuesto, es donde la fragmentación en los mapas mentales cobra todo su sentido como un medio para recordar información (ver página 69).

El acto mismo de crear un mapa mental físicamente ayuda a que la información que contiene sea más memorable, lo que te permite visualizar y recordar el proceso de su creación. Por medio del empleo de color e imágenes, el mapa mental involucra al cerebro y se graba en la memoria.

Si deseas recordar con precisión la información de tu mapa mental, te sugiero que te tomes tu tiempo para estudiar con cuidado y revisar sus conexiones, imágenes y ramas. Cuanto más hagas esto, la información se imprimirá de manera más contundente en tu memoria.

Desde planear una fiesta a recomponer una relación, memorizar letras o hacer una presentación brillante y profesional, el mapa mental vuelve los temas fáciles de manejar al desglosar una tarea, un texto o una situación en sus elementos. Pone de relieve sus conexiones e invita al cerebro, como un participante activo más que como un recipiente pasivo de información, a colaborar en la búsqueda de soluciones, en suministrar detalles a la memoria y en la búsqueda de resultados.

Sin embargo, hay muchas ocasiones en las que algo que parece ser un mapa mental en realidad *no* es un mapa mental. ¿Cómo distinguir un verdadero mapa mental de uno falso? La respuesta a esta pregunta se puede encontrar en el siguiente capítulo.

Recitar disparates de memoria

Edward Lear (1812-1888) fue un autor y artista inglés que, entre otras notables realizaciones, fue maestro de arte de la reina Victoria y autor de algunos maravillosos poemas sin sentido. Probablemente en la actualidad se le recuerde mejor por *El búho y la gatita*.

Pero hagamos a un lado a esos amigos emplumados y peludos. En su lugar, te invito a leer la siguiente quintilla* de Lear:

> Había un viejo que exclamó: "¡Ojo!
> ¡Observo un pajarito en el matojo!".
> Cuando le preguntaron: "¿Es pequeño?"
> replicó: "¡De ninguna manera!
> ¡Es cuatro veces más grande que el matojo!".

Construye un mapa mental de la quintilla que incluya imágenes.

Una vez que hayas acabado estudia tu mapa durante cinco o diez minutos, o hasta que creas que has memorizado la información que contiene. Hazlo a un lado.

Sobre otra hoja de papel en blanco recuerda y escribe la quintilla de memoria. ¿Cómo te fue?

Si disfrutaste el proceso, elabora un mapa mental de un poema más largo. Antes de que te des cuenta ¡serás capaz de enfrentarte a poemas completos!

---

* Quintilla, poesía humorística breve, de cinco líneas, en las que las dos primeras y la última riman. (*N. de la T.*)

3

¿Qué *no* es un mapa mental?

Este capítulo aclara algunos de los mitos que han surgido en torno al mapa mental y analiza casos de error de identidad al explicar por qué los mapas mentales falsos no son ni remotamente útiles como lo son los que observan las leyes del mapeo mental. Proporciona consejos útiles para crear mapas mentales genuinos, así como orientación sobre cómo descubrir a los impostores.

Mitos e ideas equivocadas

A partir de su invención en las décadas de 1950 y 1960, los mapas mentales han ayudado a personas de todo el mundo —y actualmente continúan transformando vidas—. Es la recompensa más grande que pude haber soñado jamás; no dejo de sentirme satisfecho por el alcance y atractivo global que ha tenido el mapeo mental. Al trabajar con nuestro lenguaje humano innato y aprovechar las dos fuerzas de la imaginación y la asociación, el mapa mental se ha convertido en una herramienta de pensamiento que trasciende divisiones culturales.

En vista de la popularidad de los mapas mentales tal vez no sea sorprendente que a lo largo de los años hayan surgido varios mitos e ideas falsas en torno a ellos. Me duele el corazón cada vez que me topo con la equivocación más común, la falsa creencia de que los mapas mentales y los diagramas de araña son lo mismo.

Más todavía, existe un riesgo real de que cualquier confusión entre los mapas mentales y los diagramas como mapas conceptuales y los diagramas de pirámide pueda comprometer la integridad misma del mapa mental, ya que algunas personas tal vez no aprecien su poder o no se den cuenta de *todo* su potencial. Asimismo, es frustrante para mí cada vez que conozco a personas que han estado expuestas a un entrenamiento deficiente por parte de quienes pretenden ser expertos en mapeo mental a pesar de estar muy mal preparados.

Separemos el trigo de la paja y aclaremos cualquier confusión sobre lo que es un mapa mental y lo que no lo es.

Desterrando mitos

En los capítulos 1 y 2 revisamos someramente la historia de los mapas mentales en relación con el desarrollo del pensamiento visual, y que el remoto origen de esta herramienta de pensamiento se puede hallar en el sorprendente arte rupestre de nuestros antepasados de la Edad de Piedra. Repasamos las prácticas precursoras de culturas como la de la antigua Grecia y examinamos la obra de genios como Charles Darwin, quien empleó diagramas para el desarrollo de sus ideas.

Desafortunadamente, todavía hay quienes confunden similitud con igualdad y le dan el crédito del origen del mapa mental al filósofo fenicio Porfirio de Tiro (*ca.* 232-303 d.C.). Porfirio, un neoplatónico, organizó las ideas de Aristóteles en un diagrama que se describe tradicionalmente como *arbor* o árbol, cuyo diseño no es diferente del Árbol de la Vida de la Cábala de la tradición mística judía. No hay una imagen central en el diagrama de Porfirio (véase Capítulo 1, página 44) ni tampoco ilustraciones; las palabras están colocadas en forma ordenada en esferas y a lo largo de caminos que se conectan. Aquí, el pensamiento no es radiante como lo es en un mapa mental.

Igualmente, a veces me encuentro con personas que sugieren que Leonardo da Vinci inventó el mapeo mental. Posiblemente esto no sea sorprendente: después de todo, este pensador estaba tan adelantado a su tiempo que dibujó increíbles artilugios como un mecanismo con alas y el ornitóptero de tracción humana 400 años antes de que los hermanos Wright volaran con éxito el primer aeroplano de motor en 1903. La combinación de imágenes y palabras de Da Vinci en sus notas sin duda ayudó a moldear las primeras etapas de mi investigación sobre la naturaleza del pensamiento humano; sin embargo, este gran artista y pensador no empleaba el color esquemáticamente en sus diagramas, el que, como hemos visto, es un elemento clave en el mapeo mental.

Asimismo, hay quienes le dan el crédito de la invención de los mapas mentales a sir Isaac Newton (1642-1727), el científico inglés que descubrió la gravedad después de observar una manzana que caía de un árbol. Este distinguido científico usaba interesantes diagramas conceptuales para registrar gráficamente sus ideas, pero estos también eran monocromáticos y adoptaban la forma de un "árbol" que crecía hacia arriba más que expandirse radiantemente, como una estrella, a la manera en la que un mapa mental se extiende sobre la página. Mientras que el pensamiento de genios como Da Vinci y Newton es, sin duda, intemporal, el confundir diagramas antiguos con los modernos mapas mentales es un poco como confundir un velocípedo con una motocicleta turbo.

Un caso de identidad errónea

Las personas que son nuevas en los mapas mentales y que aún tienen que dominar las leyes del mapeo mental (ver Capítulo 20, página 58) al principio pueden crear diagramas que se parezcan superficialmente a los mapas mentales, como diagramas de araña, de pirámide, mapas conceptuales, diagramas de espina de pescado, gráficas tipo sol, pero eso resulta ser algo totalmente diferente.

Diagramas tipo araña

Al igual que los mapas mentales, los diagramas de araña (ver recuadro) se pueden emplear para planear ensayos y para organizar ideas. Por lo general tienen un diseño muy estructurado, con patas que se proyectan a partir de una idea central. Sin embargo, a diferencia de los mapas mentales no siempre se emplea color en ellos y muy rara vez usan imágenes. Las patas de un diagrama de araña por lo general son lineales y delgadas más que orgánicas y con diferentes grosores.

Diagramas de pirámide

Los diagramas de pirámide son similares a los de araña, pero los primeros hacen mucho énfasis en la jerarquía. Mientras que en un mapa mental o en un diagrama de araña la idea central se ubica en el centro, en un diagrama de pirámide el concepto principal se coloca en la punta y las ideas asociadas con él descienden progresivamente de manera ordenada. Esto quiere decir que el ojo tiene la tendencia a escanear la página de arriba abajo de forma unidireccional y rígida, antes que balancearse libremente sobre el diagrama de manera que estimule al cerebro a dar con conexiones frescas y nuevas ideas.

Diagrama de pirámide

Devuélvele a la araña sus patas

Echa una ojeada al siguiente diagrama de araña:

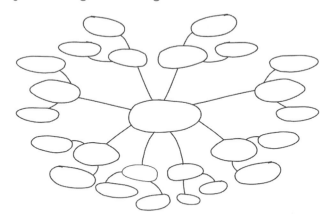

Ahora regresa a **Cómo crear un mapa mental** en el Capítulo 1 (página 27), y relee los siete pasos.

> **Una vez que estés listo,** intenta hacer un diagrama de araña utilizando el modelo de arriba como un patrón aproximado; después usa esta información para crear un mapa mental.

Una vez que hayas acabado compara los dos.

> **¿Qué imagen es más llamativa,** atractiva y memorable?

¿Por qué? Revisa otra vez las leyes del mapeo mental en el Capítulo 2 (página 58). ¿De qué manera las leyes hacen que el mapa mental sea visualmente más atractivo que un diagrama de araña?

Mapas conceptuales

Los mapas conceptuales presentan ideas e información en la forma de palabras y frases que se colocan en cajas o círculos. Al igual que los diagramas de pirámide, estas unidades se conectan en una estructura jerárquica en ramificación descendente, lo que significa que los mapas conceptuales tienden a leerse de arriba abajo, con todas las restricciones que ello entraña. Sus flechas conectoras generalmente están rotuladas, como las ramas en el mapa mental. Sin embargo, la etiqueta de una flecha conectora en un mapa conceptual puede adoptar la forma de una frase más que de una sola palabra, por lo que pierde el impacto que tiene una sola palabra clave. Más todavía, los colores y las imágenes no son un rasgo de estas herramientas gráficas, lo que disminuye el impacto visual de un mapa conceptual, así como su atractivo para el cerebro. Los mapas conceptuales con frecuencia tienen una función pedagógica, al presentar información que tiene que aprenderse de memoria, en tanto que los mapas mentales pueden emplearse como una técnica para aportar ideas y concebir nuevas estrategias, así como en muchas otras formas creativas.

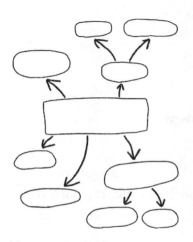

Mapa conceptual

Diagramas de espina de pescado

También conocidos como diagramas Ishikawa al haber sido popularizados en la década de 1960 por el teórico organizacional japonés Kaoru Ishikawa (1915-1989), los diagramas de espina de pescado toman su nombre de su apariencia. Los "huesos" del diagrama se refieren a factores particulares o consideraciones, en tanto que el efecto acumulativo se coloca en la "cabeza", lo que significa que los diagramas de espina de pescado generalmente se leen de izquierda a derecha (¡o de derecha a izquierda si estás en Japón!). Son lineales,

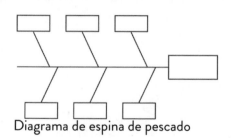

Diagrama de espina de pescado

monocromáticos y su enfoque está en la causa y el efecto más que en activar el poder de la imaginación y la asociación con objeto de estimular el cerebro.

Graficas tipo sol

También conocidas como diagramas tipo sol, gráficas de anillos, gráficas multinivel tipo pay, tablas o mapa de árbol radial, una gráfica tipo sol está compuesta de círculos concéntricos que simbolizan capas de información jerarquizada. Cada capa se divide en categorías o segmentos, los cuales con frecuencia se representan en diferentes colores. Las gráficas no emplean imágenes. Si bien tal vez son útiles pa-

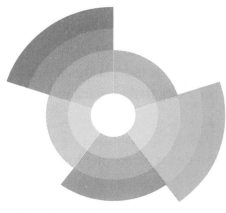

Gráfica tipo sol

ra resumir información, su lectura es difícil y no son una gran herramienta para inspirar el pensamiento creativo.

Cómo descubrir un mapa no mental

Ahora ya sabes lo que es y lo que no es un mapa mental. Cuando se abandonan las leyes del mapeo mental, con frecuencia el resultado es la monotonía, la carencia de orden y claridad y una gran confusión. O te puedes encontrar con un diagrama que superficialmente se parezca a un mapa mental pero que en realidad es totalmente otra cosa.

En términos generales, los mapas mentales tienden mucho más a liberar el poder del pensamiento creativo que otros tipos de herramientas visuales. Si bien en un mapa mental hay pasos claves y elementos esenciales, las imágenes son únicas en cada uno: por ejemplo, no existe una iconografía formal ni un sentido riguroso en el cual un mapa mental pueda estar "bien o mal", en el modo en el que una gráfica como un pay puede estar matemáticamente errada.

En general, los mapas mentales no se relacionan con pasos, sistemas o procesos, aunque están llenos de movimiento e imbuidos de una lógica innata. Algunos los han calificado de ilógicos porque no se basan en listas, líneas y números —sin embargo, nada más alejado de la verdad—. En un nivel, un mapa mental es una soberbia herramienta de pensamiento porque en él las cosas sólo se conectan con otros elementos mediante el poder de la asociación, lo que significa que hay un vínculo natural, causal, entre ellos. Después de todo, la lógica es la habilidad para hacer asociaciones adecuadas con el objeto de llegar a una conclusión racional.

Aún más, además de representar información, el acto mismo de crear un mapa mental estimula el cerebro e involucra a la memoria. Es una manifestación de los pensamientos y las ideas de su creador individual.

> El empleo del color, imágenes y conexiones visuales en un mapa mental es informal, orgánico y esencial para su debido funcionamiento.

Un mapa mental se puede convertir en algo de considerable belleza por derecho propio. He visto mapas mentales que literalmente me han quitado el aliento, como el ejemplo de China en la página 128. Fue creado por Richard Lin, un antiguo empresario que actualmente es un exitoso terapeuta, conferencista, maestro universitario y maestro de mapeo mental.

Observa con detenimiento este maravilloso mapa mental. ¿Qué imágenes ves? ¿De qué crees que se trata?

¿Notaste la pantalla de computadora abajo del encabezado central? El mapa mental de Richard describe el cerebro como una "computadora de cuello alto", y cada una de las ramas se relaciona con un principio clave del mapeo mental, como el empleo del color, la dimensión y la asociación. ¡Es una obra maestra del mapeo mental y me encanta!

Con el tiempo y práctica tú también desarrollarás tu estilo propio al hacer mapas mentales.

¡Y eso es algo que debe celebrarse!

Para comprobar que estás viendo un verdadero mapa mental, considera lo siguiente:

¿Hay un concepto central claro?

¿Hay una imagen central clara que describa dicho concepto?

¿El diagrama irradia desde el centro?

¿Siempre hay una palabra por rama?

¿Hay imágenes?

¿Se emplea el color en todo el mapa?

¿El mapa mental es claro?

¿Es natural y orgánico en apariencia?

¿El mapa es muy atractivo visualmente?

Si la respuesta a alguna de estas preguntas es "no", no estás viendo un verdadero mapa mental.

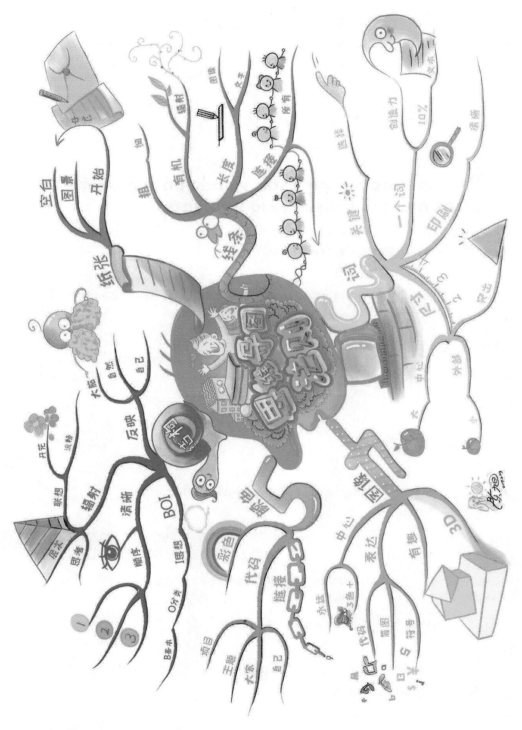

El mapa mental en el cerebro como una computadora de cuello alto por Richard Lin

Imagina desobedecer las leyes

Echa un vistazo a alguno de los mapas que creaste mientras leías el Capítulo 2.

- Imagina tu mapa mental sin imagen central, extraídos del mismo el cerebro y el corazón.
- Imagina tu mapa mental sin color, y considera su falta de potencia.
- Imagina tu mapa mental sólo con líneas rectas, y piensa en su rigidez y su carencia de atractivo.
- Imagina tu mapa mental sin imágenes, con su elemento vital diluido.
- Imagina tu mapa mental con más de una palabra por rama, y visualiza lo burdo que sería.
- Imagina que las ramas y las palabras claves de tu mapa mental son de la misma longitud, y visualiza cómo se colapsaría su estructura.
- Ahora imagina las desventajas acumulativas de eliminar todas las leyes, e imagina el estado anárquico, caótico y desintegrador que ello representaría.

Encontrando soluciones

En algún momento de tu recorrido por el mapeo mental puedes sentir que los mapas mentales no te están funcionando. ¡Por favor no te rindas! Este capítulo ofrece todas las soluciones que necesitas, incluyendo consejos para formular las preguntas adecuadas, lidiar con una página abarrotada o desordenada, y por qué debes permitir que la repetición en un mapa mental sea tu guía. Te mostrará que los mapas mentales te pueden ayudar siempre a encontrar el camino correcto: todo lo que necesitas es perseverar.

La perseverancia es la clave del éxito

Mediante el empleo de los poderes de asociación e imaginación, y su lógica inherente, las leyes del mapeo mental son una manifestación de leyes más generales del pensar bien. Así como las ramas de un mapa mental se propagan en nuevas zonas, las leyes del mapeo mental se pueden aplicar en una variedad infinita de formas. Siempre están ahí como un mapa para guiarte, y como una red de protección lista para atraparte, así que recurre a ellas cada vez que necesites valor o confianza.

No te sientas desalentado cuando te encuentres con obstáculos durante el mapeo mental. Recuerda que ya has casi alcanzado una etapa importante en tu recorrido por él. El hecho de que estés enfrentando dificultades podría ser sólo un indicio de que estás llevando tu práctica de mapeo mental a un nuevo nivel. Si perseveras en enfrentar cada obstáculo aparente que surge, y completas todos los ejercicios de este libro, para cuando termines de leerlo estarás en el camino de la maestría en el mapeo mental.

Si estás encontrando problemas tal vez has llegado a un punto en tu recorrido en el que necesitas aclarar tanto tu enfoque del mapeo mental como tu pensamiento. Por ejemplo, podrías encontrar útil releer el Capítulo 3. **¿Qué *no* es un mapa mental?** He descubierto que muchas personas que decían que estaban experimentando dificultades con el mapeo mental, en realidad no estaban trabajando con mapas mentales en absoluto, sino que estaban haciendo diagramas de araña. Algunas veces habían olvidado la importancia del color o del empleo de palabras claves.

Con frecuencia no es el mapa mental el que está causando problemas, sino los miedos de la persona respecto a él. El miedo es el gran asesino de la mente. Si alguna vez estuvieras en un barco en medio de aguas turbulentas, te aferrarías a las cuerdas, orientarías el timón y tomarías el control de éste; igualmente, si alguna vez te encuentras en un momento incierto durante el mapeo mental, refuerza tu dominio sobre las leyes.

Revisa —y vuelve a revisar— que cada mapa mental cumpla con las leyes del mapeo mental.

Observa detenidamente un mapa mental que parezca no estar funcionando para ti. Ahora regresa a las leyes del mapeo mental en el Capítulo 2 (ver página 58) y léelas otra vez detenidamente.

Imagina que tu mapa mental es un auto de Fórmula 1: en el transcurso de una carrera maniobras para hacer una parada rápida en el pit para que los mecánicos revisen tu auto y puedas reincorporarte a la carrera de manera segura. De igual forma, haz un esfuerzo por darle servicio a tu mapa mental para seguir asegurándote de que observa las leyes.

Si tienes un mapa mental que te desconcierta porque es potencialmente problemático, mantén una copia de las leyes frente a ti y regresa a ellas mientras examinas el mapa mental con más detalle:

- **¿Estás trabajando en una hoja de papel blanca con una medida mínima de 21 x 29 cm, colocada horizontalmente?**
- **¿La imagen central está ubicada a la mitad de la hoja y está dibujada en al menos tres colores?**
- **¿La imagen central es llamativa?**
- **Si la imagen central incluye una palabra, ¿dicha palabra está en tercera dimensión o está hecha para que se vea interesante desde el punto de vista tipográfico?**
- **¿Las ramas principales están en diferentes colores?**
- **¿Hay sólo una palabra por rama?**
- **¿Las ramas han germinado un saludable número de sub-ramas?**
- **¿Has empleado imágenes en todo el mapa?**

Si la respuesta a alguna de estas preguntas es no, realiza otra versión de tu mapa mental que se apegue estrechamente a las leyes. Con toda probabilidad obtendrás un mejor resultado.

Un mapa mental siempre funciona cuando funciona adecuadamente.

Plantea la pregunta correcta

Las buenas preguntas hacen la diferencia cuando se trata de lograr resultados excelentes. Plantear la pregunta correcta es como dirigir una flecha hacia el blanco de tu objetivo y sacar una flecha del carcaj de tu curiosidad e intelecto.

Donde sea que crees un mapa mental, piensa con cuidado en la pregunta o tema que deseas plantear. Una pregunta o un tema efectivo:

- **Detonará los poderes de asociación e imaginación.**
- **Será abierto y permitirá consideraciones y valoraciones en lugar de respuestas cerradas tipo sí/no.**
- **Inspirará un pensamiento crítico y analítico.**
- **Logrará un equilibrio entre el contenido (¿quién? ¿qué? ¿cuándo?) y el proceso (¿cómo? ¿por qué?).**
- **Inspirará una reacción positiva.**

Las preguntas formuladas de manera deficiente conducen a respuestas erróneas. Para evitar la ambigüedad en tus respuestas, haz que tu pregunta central sea corta, clara y precisa. Cuando empieces a considerar un tema en un mapa mental, enfócate en él como un director de cine que hace *zoom* con la cámara.

Crea un mapa mental a partir de una buena pregunta

Vuelve a leer los puntos anteriores. Manteniendo estos puntos fundamentalmente en tus pensamientos, crea un mapa mental que los refleje y considere la naturaleza de una pregunta o tema efectivo.

Recuerda que el mayor temor de un artista con frecuencia adopta la forma de una tela en blanco. El paso más importante es simplemente hacer esas primeras marcas. Usa este mapa mental para ayudarte a desechar el miedo de comprometerte con un papel. Haz tus primeras marcas ¡y continúa haciéndolas! Recuerda: el mapeo mental es un proceso continuo, en el que se te invita a plantear pregunta tras pregunta.

Observa tu mapa mental. Pregúntate sobre tu interrogante central. En la medida en que continúes elaborando un mapa mental, siempre comprueba minuciosamente que funciona y está listo para modificarlo si es necesario.

Emplea imágenes sencillas pero poderosas

Al igual que la pregunta o tema que desees considerar, haz que tu imagen central sea sencillamente impactante —que cause la impresión de un logotipo, pero con un poco más de color—. Conserva las líneas limpias y nítidas y tu imagen central enfocada.

La difusión de tu mapa mental en la página, en la medida en que sus ramas se van llenando de símbolos y palabras, es un maravilloso testimonio del hecho de que tu cerebro está generando más ideas. Si tu mapa llegara a verse saturado significa que has arribado a la etapa de generar minimapas mentales, o mapas mentales "infantiles", que con frecuencia tienen el potencial de desarrollarse a su vez en mapas mentales adultos (ver página 137).

Haz espacio a tus ideas

Supongamos que el problema no reside en tu imagen central. Te gusta la imagen central: es colorida, llamativa y efectiva. De inmediato detona todo tipo de asociaciones en tu imaginación.

Si éste es el caso, observa las ramas principales de tu mapa. ¿Estás mirando un fértil bosque o a una incontrolable maraña de zarzas? ¿Todavía puedes "ver el bosque a pesar de los árboles"?

La claridad es un elemento importante en un mapa mental. Casi como el enfoque en la asimetría y el espacio en el *ikebana,* el arte japonés del arreglo floral, la zona que rodea cada rama de tu mapa mental es tan importante en algunos aspectos como la rama misma.

El espacio "negativo" en las creaciones artísticas contribuye a definir los límites del objeto y añade equilibrio a la composición.

Acepta el desorden

Un mapa mental "desordenado" está muy lejos de ser un desastre. No es necesario que pases un mal rato si acabas con uno así. Por lo general, un mapa desordenado es simplemente un reflejo del proceso de tu pensamiento en el momento en el que lo creaste. ¿Tal vez estabas cartografiando rápidamente una conversación telefónica o tomando notas para una conferencia? Si así fue, tu mapa mental reflejará las dificultades de cartografiar velozmente siguiendo los giros y vueltas de una discusión o una conversación.

Si crees que tu mapa mental está desordenado, te pediría que ajustes los lentes de tu cámara y observes otra vez: incluso si tu mapa mental se propaga caóticamente sobre la página y es difícil de leer, por favor ¡siéntete feliz con lo que conseguiste! Aunque tu mapa no sea una obra de gran belleza, no obstante, será un valioso primer esbozo que sirva de base para un segundo mapa mental. Después de todo, casi todos los grandes artistas hicieron bocetos antes de terminar sus obras maestras.

Antes de que empieces a trabajar en un segundo mapa mental comprueba una vez más si la organización de tu primer boceto es deficiente. ¿Algunas asociaciones son débiles o se hicieron por error?

¿Recuerdas cómo, en el Capítulo 2 (ver página 101), Marek Kasperski vinculó un mapa mental a un jardín? En tu segundo mapa poda las ramas y sub-ramas innecesarias para darte claridad. Si fuera necesario, reorganiza las ramas principales de manera que la secuencia de tus Ideas Básicas Ordenadoras (IBO) esté apuntalada por la lógica y un orden consecutivo. Asegúrate de que las ramas que deseas conservar estén firmemente ancladas en su lugar y se extiendan gratamente, como un árbol frutal apoyado en sólidas verjas.

Una vez que hayas cortado cualquier información redundante o repetida en tus ramas, es probable que aparezcan nuevos retoños que producirán frutos en la forma de ideas y asociaciones originales.

**Empieza otra vez tu mapa mental.
¿De qué manera lo vas a mejorar?**

Siembra minimapas mentales

Durante el proceso de revisar tu mapa mental encontrarás que algunas ideas o temas expuestos podrían convenientemente convertirse en minimapas mentales, especialmente si al desarrollarlos en el mapa mental maestro se vuelven sumamente complejos y difíciles de descifrar. Los minimapas mentales orbitan el mapa mental principal como lunas alrededor de un planeta. Exploran aspectos del mapa principal con mayor detenimiento, sin desordenarlos.

Considerando que hay espacio suficiente, uno o dos minimapas mentales pueden ocupar la misma página que el mapa maestro. Si no lo hay, asígnales una página propia. Piensa en una familia en la cual, con el tiempo, el hijo ha crecido al punto de necesitar un cuarto propio. Trata a estos minimapas como lo harías con un niño de verdad: sin menosprecio y con aliento. En vez de responder a ellos negativamente, aliméntalos.

Los minimapas mentales son herramientas especialmente satisfactorias si encuentras que tu mapa maestro plantea más preguntas que respuestas. Emplea un minimapa para abordar cualquier nueva pregunta, así como para hacer frente a nuevas ramas y digresiones. Incluso puedes usar los minimapas mentales para explorar dos aspectos de una discusión, lo que, por ejemplo, es especialmente útil al redactar un ensayo. (Ver también Capítulo 5, página 164 para el uso de un mapa mental en la solución de conflictos).

Permite que la repetición te guíe

De tanto en tanto hallarás que una palabra aparentemente sin importancia aparece repetidamente sobre una rama del mapa mental, luego sobre otra y otra. Esto no representa un problema. Esto es un avance.

Con la repetición, una palabra clave se convierte en una

palabra **clave** clave

o incluso en una

palabra clave **clave** **clave**

Una palabra que emigra a otra rama de un mapa mental no es innecesaria o aburrida, sino exactamente lo contrario: refuerza la solidez de la idea que representa.

Si observas que una palabra está repetida, subráyala para que resalte. Si aparece tres veces, coloca una pequeña caja alrededor de ella cuantas veces aparezca: sin duda es importante. Si aparece cuatro o más veces, ¡está pidiendo a gritos tu atención! Dibuja las cajas alrededor de ellas en tres dimensiones.

Después únelas para hacer una caja gigante en torno a todo tu mapa mental. También dibuja esta caja gigante en tres dimensiones.

Ahora tu mapa mental está contenido dentro de un marco más grande, al igual que una palabra que en un principio pensaste que era relativamente insignificante y resulta ser de suma importancia.

Esto representa un cambio de paradigma en tu pensamiento —y por lo tanto es un gran paso hacia adelante en la forma en la que enfrentas un asunto— porque demuestra que estás replanteando tu comprensión y enfoque de un tema.

Recomiendo enfáticamente que emplees la palabra que se te presentó de esta manera como una nueva imagen central en tu siguiente mapa mental sobre el tema.

Enfrenta la indecisión

Con frecuencia, el proceso real de crear un mapa mental conduce a una solución nítida, al proporcionar una visión general equilibrada de la situación. Si tu mapa mental no te invita a elegir un claro camino de acción, es tiempo de involucrar a los poderes de tu intuición. Lanza una moneda al aire y decide —cara o cruz— qué alternativas vas a seguir. Toma nota de la fuerza de tu reacción, y si ésta es de decepción o de alegría; después, permite que tus sentimientos decidan qué elección es la correcta para ti.

Si aún no puedes decidirte, profundiza en tu dilema mediante más mapas mentales y minimapas: no aplaces. Posponer las cosas es mentalmente agotador y contraproducente, considerando que llevar a cabo un plan de acción es liberador, energizante y conduce a una experiencia vivida en directo, incluso si dicha experiencia no siempre cumple con las expectativas.

Siempre es mejor ser propositivo y hacer algo más que regodearse improductivamente en el abismo de la inercia.

Una nota sobre el desorden

¿Es hora de repensar nuestra definición de la palabra "desorden"?

Tradicionalmente, las nociones de tomar apuntes "ordenadamente" o "desordenadamente" han sido definidas arbitrariamente —me atrevería a decir— por aquellos que se encuentran en el campo académico, acostumbrados a formas de pensamiento lineales. Para ellos, las notas "limpias" se apegan a los renglones de una página como pajaritos pegados con cal a las ramas; en cambio, los apuntes "desordenados" vuelan y brincan y combinan palabras, signos, símbolos y números.

Incluso, hay quienes calificarían los apuntes de genios como Leonardo da Vinci y Charles Darwin de "desordenados". El hecho es que debemos repensar nuestras definiciones:

¡Los apuntes llenos de color, con ramificaciones, "desordenados", son todo menos desordenados en términos de su poder e impacto!

Puesto que las notas lineales dificultan la asociación, desatienden las conexiones profundas y eliminan el lenguaje humano del cerebro, ¿realmente deberíamos llamarlas "limpias"? Añadiría que las notas lineales son realmente desordenadas en muchos aspectos en cuanto revuelven el pensamiento, la lógica, la creatividad, la confianza, el gozo y la potencial diversión. ¡Sin ninguna duda me atrevería a decir que desordenan la vida misma!

¡Sigue adelante!

Si creas un mapa mental y encuentras que te produce una fuerte reacción negativa hacia él, ¡no te desalientes!

> **La persistencia es clave en el mapeo mental, y te invito a "¡tratar, tratar y TRATAR otra vez!".**

Éste es el mantra de todo profesor; la persistencia lo es todo si deseas alcanzar el dominio de cualquier campo —incluyendo el mapeo mental—. Los mapas mentales reforzarán tu capacidad de persistencia ya que continuamente te ofrecen soluciones, te ayudan a resolver problemas y, en el proceso, te proporcionan la energía para continuar intentándolo.

Mencioné antes que no es necesario que poseas grandes habilidades artísticas para convertirte en un cartógrafo mental dotado: cuantos más mapas mentales crees, inevitablemente te volverás mejor en ellos. Sin embargo, si te sientes realmente inhibido respecto a tus aptitudes para el dibujo, te puede servir un programa para trazar mapas mentales, especialmente si te apoyas en él para crearlos a mano. Dicho programa automáticamente genera gruesas ramas orgánicas para tus IBO, y ramas más pequeñas para las sub-ramas. También incluye una biblioteca que contiene miles de imágenes de alta calidad. (Ver Capítulo 6, página 192 para más información).

Si llegas a encontrar un obstáculo al hacer mapas mentales, recuerda que éste no está diseñado para ser un proceso lineal. No es necesario que sigas golpeándote la cabeza contra un problema. Sencillamente hazlo a un lado con elegancia ¡y explora otro camino!

Vuelve a subirte al caballo que te tiró

Tal vez la idea misma de crear un mapa mental ha empezado a parecer una perspectiva desalentadora: te preocupa no hacerlo "bien"; piensas que no tienes suficientes buenas ideas; no te gusta la manera en la que dibujas; estás decepcionado por los resultados finales. He aquí lo que sugiero:

¡Aleja tus preocupaciones con un mapa mental!

Los mapas mentales pueden ser un excelente recurso para el autoanálisis y para enfrentar problemas personales como la ansiedad, la timidez, el excesivo perfeccionismo, el sentirse deprimido y decepcionado. Si descubres que no estás feliz con los resultados de tu mapeo mental, crea un mapa mental sobre tu experiencia.

Por ejemplo, podrías empezar con una imagen central en la que aparezcas abatido. Ahora haz un mapa mental a quemarropa en el que expreses abierta y honestamente la mezcla de pensamientos y sentimientos que has tenido sobre el proceso de mapeo mental.

Tu siguiente paso es trabajar este boceto en un mapa mental más equilibrado y analítico, con Ideas Básicas Ordenadoras (IBO) que exploren tus emociones con mayor profundidad. Considera, por ejemplo:

- La verdadera naturaleza de tus sentimientos, ya sea que haya capas hacia ellos.
- La sensación física sobre ellos.
- De qué manera influyen en tu comportamiento.
- De qué manera impactan en tu vida.
- Otras situaciones en las que encuentres que experimentas sentimientos similares.

- Acontecimientos pasados en los cuales estos sentimientos podrían tener su origen.
- Cualquier ayuda externa que necesites para enfrentar estos sentimientos.

Examina cada aspecto de tus emociones y las experiencias que las causan o se relacionan con ellas. Una vez que hayas hecho esto y tengas una comprensión más clara de lo que te está ocurriendo, verás que estás en el camino correcto para exorcizar cualquier pesadilla emocional que esté amargando tu gozo del mapeo mental. Con frecuencia, el simple acto de escribir un problema puede disiparlo y ayudar a ponerlo en perspectiva.

Resuelve cualquier problema con el mapeo mental

¿Alguna vez has estado despierto a medianoche, sin poder dormir, torturado por un problema? Mientras más tiempo pasas ahí acostado, tu problema parece empeorar. Cada vez que piensas en él sale a la luz otra complicación, hasta que todo el problema parece un elaborado nudo celta sin principio ni fin.

Cuando te levantas al día siguiente, el problema a menudo puede tomar una proporción diferente a la luz del día. Tal vez ya no parezca tan abrumador o imposible de resolver. Con frecuencia, todo lo que se precisa es un momento de serena reflexión. De hecho, tal vez todo lo que necesitas es escribirlo para abordarlo. Para crear un momento de calma y poner el problema en perspectiva haz un mapa mental de él.

Empieza por dibujar una imagen central, ya sea que se refiera específicamente al asunto o que de una manera más general aborde la idea de "solución del problema". A través de sus ramas tal vez quieras empezar a definir el problema y sus causas, y después pases a analizar los efectos, negativos y positivos. Una rama podría ocuparse de encontrar ayuda para manejar el problema; recuerda que tu propia respuesta a una situación difícil es lo único que puedes controlar completamente, y que la autoayuda puede ser tan importante como la ayuda de otros. Entonces tu mapa mental puede pasar a la planeación y, finalmente, a la fase de solución del problema.

Asegúrate de que las palabras e imágenes de tu mapa mental sean positivas e inspiradoras, para que tu pensamiento sea radiante en vez de reductivo. Evita emplear muchas palabras negativas, ya que éstas pueden ser limitantes y poco productivas. Las imágenes pueden servir como una inspiración real, así como de recordatorio de lo que necesitas hacer —en el ejemplo que sigue, un inolvidable corazón resplandeciente simboliza el "valor", mientras que una puerta abierta representa la "franqueza"—. Ten tus símbolos en mente y, utilizando la visión general que proporciona un mapa mental, empezarás a encontrar el camino hacia una solución viable.

Como un mapa mental imita la forma en la que el cerebro funciona y lo estimula a la acción, el acto de crear el mapa involucrará tus procesos de pensamiento: en lugar de quedarte paralizado por la ansiedad o entrar en modo vuelo, el proceso del mapeo mental te proporcionará la energía y la lucidez para luchar y resolver el dilema. Al analizar de esta manera tus sentimientos, tal vez descubras que ya has identificado y puedes enfrentar las tendencias emocionales que le han estado restando alegría a tu vida en general.

¡En lugar de cerrar con notas lineales, deja que un mapa mental te abra al mundo!

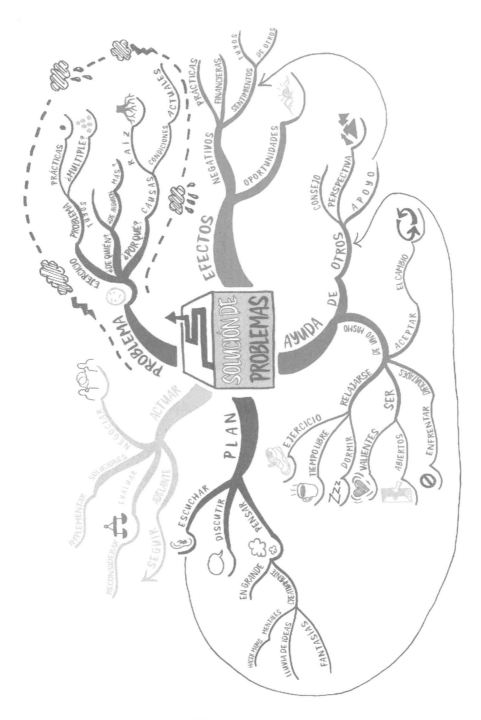

Mapa mental para resolver un problema

La magia de pensar en grande

Los mapas mentales son excelentes exploradores

Arif Anis es un importante entrenador internacional y un autor muy vendido, que tiene el privilegio de preparar a líderes de corporaciones, jefes de Estado, estrellas de cine y directores generales; sin embargo, no siempre fue así. Él es la prueba viviente del poder de los mapas mentales para resolver problemas. En una época en que se encontraba abatido y confundido, los mapas mentales le ayudaron a resolver el problema de adónde se dirigía en la vida, y desde entonces los utiliza. Hoy en día es un exitoso hombre de negocios y autor, una fuente inagotable de ideas e inspiración para todos los que lo conocen. He aquí su historia.

Como dicen, si eres un estudiante con suerte y lo deseas lo suficiente, tú no encuentras a tu maestro, sino que tu maestro te encuentra a ti, así que me encontré con los mapas mentales en una coyuntura crítica de mi vida.

Dejé la universidad con gran pesar después de haber cursado un posgrado en psicología. Estaba desconcertado, confundido y asustado. La vida fuera del campus parecía verdaderamente abrumadora. ¿Qué escoger? ¿Por dónde ir? ¿Cuál iba a ser mi carrera por el resto de mi vida? ¿Y qué pasaría si hacía una mala elección? Estaba paralizado por el miedo a lo desconocido.

Disponía de demasiadas alternativas y me era difícil separar unas de otras. Parecía que estaba perdido en el abismo de la vida, y entonces encontré el éxito de ventas de Tony Buzan sobre mapas mentales en una librería de mi ciudad y la vida no volvió a ser nunca la misma.

Empecé a dibujar mapas mentales. Al principio horrorosos. Pero había algo en esos colores y en esas imágenes... Lentamente, el camino empezó a aparecer y se volvió cada vez más claro a cada paso. Por fin podía ver la carretera —y adónde me estaba llevando—. La confianza empezó a regresar. Ahora era un hombre con una misión que sabía con certeza lo que deseaba de la vida y cómo alcanzarlo. Pude ver el panorama completo en toda su nitidez y matices. Desde ese día en adelante todo cambió.

Cuando miro en retrospectiva mi vida y sus principales acontecimientos, estos tienen una cosa en común: encuentro mapas mentales por todos lados. Ya sea mi primer trabajo como pasante de psicología; mi preparación para el examen más competido en Pakistán, que atrajo a lo mejor de lo mejor para ocupar codiciados puestos en la burocracia civil; mis planes de boda; o la redacción de mis libros que han sido éxitos de ventas. Los mapas mentales proporcionaron sinergia y claridad a mis decisiones y produjeron resultados.

Para mi gran sorpresa, fui capaz de aprobar el examen más difícil del país después de estudiar durante sólo 40 días. Y sabía que podía lograr mucho más en menos tiempo. Mi productividad se cuadriplicó, al igual que mis opciones y alternativas en la vida. Ya no estuve presionado o engatusado por la vida. Sabía lo que quería y cómo llegar ahí.

Hoy en día tengo el privilegio de enseñar mapas mentales a miles de personas en Pakistán. Entre ellas hay estudiantes, pasantes, becarios, funcionarios, comerciantes, vendedores, doctores y muchas más. La práctica ha llegado a escuelas, universidades, corporaciones y centros de capacitación, y ha inspirado a miles de cartógrafos mentales a conquistar el mundo en sus respectivas disciplinas.

Los mapas mentales también inspiraron a mi siguiente generación. Mis hijos Sarosh y Fariqlee conocieron los mapas mentales a los cuatro años y de inmediato se enamoraron del proceso. Al principio los usaban para expresarse y planear las vacaciones familiares. Gradualmente se engancharon a ellos, y mi esposa Uzma y yo encontrábamos mapas mentales por todos lados —en las paredes, en el clóset y en los sillones—. Hoy, constituyen una de las herramientas más importantes de su equipo de habilidades escolares. Aún más, el mapeo mental los entrenó para ejercitar los músculos del pensamiento a la vez que afinó sus instintos creativos.

¡Estoy orgulloso de afirmar que somos una familia de cartógrafos mentales!

5 Las infinitas aplicaciones de los mapas mentales

Tienes en las manos una herramienta de pensamiento increíblemente poderosa, y ahora estás listo para llevarla a un nivel superior. ¿Qué harás a continuación con el mapeo mental, y cómo lo emplearás para mejorar tu vida, así como la de los demás? En este capítulo se sugiere una amplia gama de diferentes aplicaciones, e incluye orientación sobre cómo emplear las técnicas avanzadas de mapeo mental en las áreas claves de tu vida que se analizan en el Capítulo 2: hogar, trabajo, educación, creatividad, bienestar y memoria.

Herramientas para un enfoque intuitivo y lógico

El mapa mental funciona con nuestro lenguaje humano innato. En el Capítulo 2 vimos cómo nacemos dominando este idioma (ver página 33): incluso cuando somos bebés aprendemos con una forma de mapa mental en nuestras cabezas. Puesto que el mapa mental se basa en la manera en la que vemos el mundo en forma instintiva, tiene naturalmente infinitas aplicaciones, cada una tan individual como cada uno de nosotros.

> **Por medio de sus infinitas aplicaciones, el mapa mental ha evolucionado en un metalenguaje: el lenguaje del lenguaje en sí mismo.**

Este metalenguaje le habla a los lados lógico e intuitivo del cerebro. El énfasis del mapeo mental en las dos fuerzas de la asociación y la imaginación supone que algunas personas crean que el mapeo mental no es adecuado para asuntos técnicos o procesos racionales como las matemáticas. Esto sencillamente es falso.

Hemos visto que los mapas mentales son sumamente lógicos en el sentido de que están enraizados en la asociación lógica (ver Capítulo 3, página 126). Son extraordinariamente estructurados y están sujetos a las leyes del mapeo mental, las que, si se observan, siempre garantizarán su claridad y utilidad. Dichas leyes estimulan a las personas a adoptar un enfoque ordenado al estructurar un mapa mental. Más todavía, si lo desean, aquellos que se sienten atraídos por formas lógicas de pensamiento pueden trabajar con asociaciones en una rama cada vez, antes de trasladarse a la siguiente rama principal.

La estructura de los mapas mentales los hace una buena opción para temas que se prestan a la categorización y a la consideración de procesos, como la física, la química y las matemáticas, como lo describió el doctor Dilip Abayasekara en el Capítulo 2 (página 93), cuando habló sobre cómo empleaba los mapas mentales en su laboratorio. Son herramientas útiles para descomponer cuestiones científicas en sus elementos constitutivos y para proporcionar una visión general.

Un mapa mental también puede funcionar como un estímulo directo, incitándonos a la actividad. Ésta es mi cita favorita del alpinista y escritor escocés W. H. Murray, quien advierte que una vez que nos comprometemos a hacer algo, todo parecer embonar. Y crear un mapa mental es la manera ideal de establecer ese compromiso.

> **Respecto a todos los actos de iniciativa (y creación), existe una verdad elemental cuyo desconocimiento aniquila innumerables ideas y espléndidos planes: que en el momento en el que uno se compromete definitivamente, la Providencia también se mueve.**
>
> W. H. Murray, *The Scottish Himalayan Expedition*

Los mapas mentales como un llamado a la acción

Dominic O'Brien, quien amablemente redactó la **Presentación** de este libro, ha ganado el Campeonato Mundial de Memoria muchas veces y es un exitoso autor de libros sobre técnicas de memorización. También es uno de los principales defensores de los muchos beneficios y aplicaciones del mapeo mental.

Para mí, los mapas mentales son una gran manera de superar la procrastinación. A veces, el pensamiento de embarcarme en un nuevo libro o de preparar un curso sobre memoria puede ser abrumador: ante tantos temas que deben cubrirse es fácil caer en la trampa de "¿Por dónde demonios empiezo?".

Al tomar una hoja en blanco de 21 x 29 cm y colocarla horizontalmente me puedo lanzar directamente a un proyecto y plasmar mis ideas más inmediatas. Con mucha frecuencia, los primeros pensamientos que surgen en mi mente son los temas que debo cubrir. Por consiguiente, el mapa mental me permite priorizar lo que es esencial para el proyecto.

El perfeccionamiento del orden preciso de los temas es mucho más fácil si literalmente tengo una imagen de ellos, ahí, frente a mí. Normalmente, atravieso por el proceso de esta primera etapa cuando:

- Escribo un nuevo libro o un artículo sobre memoria.
- Organizo un seminario o estoy comprometido a dar una plática.
- Me estoy preparando para una reunión importante.
- Estoy reuniendo los antecedentes de un nuevo cliente.
- Estoy tratando de entender un tema complejo, ya sea político o un descubrimiento científico.
- Me estoy cambiando de casa o preparando un calendario de viaje.
- Estoy estableciendo prioridades en las tareas pendientes.

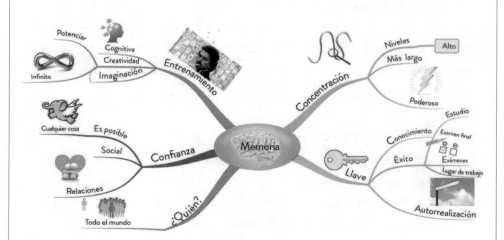

Mapa mental sobre los beneficios del mapeo mental para la memoria de Dominic O'Brien

Probablemente la última —"establecer prioridades"— para mí es el uso más provechoso e importante de un mapa mental. A veces es muy fácil quedarse atrapado en el presente, y me puedo encontrar concentrándome en los problemas de algo que termina siendo trivial. El mapa mental de las tareas pendientes me permite retroceder y que se me recuerde la gran panorámica de lo que quiero lograr en la vida.

Se ha repetido mucho que el mapeo mental es una "navaja suiza" para el cerebro. ¡Bien, en mi experiencia ésa es la mejor descripción!

Las 99 aplicaciones

Junto con las muchas historias que recibo de personas cuyas vidas han sido transformadas totalmente por el mapeo mental, la evidencia hoy en día de millones de mapas mentales y protomapas mentales que hay en Internet ha hecho cada vez más evidente que el número de aplicaciones para un mapa mental ¡sea infinito!

En el siguiente esquema se ofrece una muestra de esto: 99 áreas de investigación que un mapa mental puede ayudar a analizar en beneficio de todos. Emplea esta lista como una inspiración y un punto de arranque para tus aventuras en el mapeo mental. Me encantaría saber cómo te va.

Las 99 aplicaciones de mapas mentales más importantes		
Hogar		
Planear un viaje	Conexiones familiares	Planear para el futuro
Actividades benéficas	Florecimiento de amistades	Relaciones
Elegir el nombre de un bebé	Armonía marital	Compras
Elegir un cachorro	Cambio de casa	Organizar una fiesta con cena
Llevar un diario	Empacar para viajes	Consideración de pros y contras

Trabajo

Crecimiento del negocio	Establecimiento de metas	Organización de ideas
Redactar un *curriculum vitae*	Tomar decisiones	Planear reuniones
Formulación de estrategias	Dirección	Presentación
Planeación de eventos	Manejo de contactos de negocios	Alcanzar objetivos
Encontrar empleo	Administración de finanzas	Estrategias de ventas
Proyecciones futuras	Minutas de reuniones	Resumen de información
Conseguir una promoción	Organización	Análisis de equipo

Educación

Arqueología	Selección de universidad	Explicar una supernova
Astronomía	Elaborar definiciones	Explicar la estructura de un árbol
Biología	Economía	Geografía
Botánica	Ingeniería	Gramática
Química	Explicar una neurona	Historia
Tecnología de la información	Matemáticas	Revisión
Idiomas	Medicina	Ciencias
Leyes	Física	Proyectos escolares
Literatura	Matemáticas	Habilidades para el estudio
Mapear el cosmos	Política	Zoología

Creatividad

Arte	Decorar una habitación	Apreciación musical
Componer música	Diseñar un edificio	Poesía
Dibujo creativo	Drama	Entender el arte conceptual
Crear un mapa mental artístico	Paisajismo	Comprender el lenguaje humano
Pensamiento creativo	Manifestar pensamientos	Escribir un libro

Bienestar

Encontrar la felicidad	Salud mental	Someterse a un tratamiento

Salud holística	Salud física	Espiritualidad
Proyecto de vida	Autoanálisis	Comprendiendo los miedos
Memoria		
Gimnasia cerebral	Mejorar el pensamiento radiante	Recordar el aprendizaje
Atrapar el conocimiento	Mapear las ciudades internas del pensamiento	Recordar una historia o una trama
Mejorar la memoria	Tomar nota	Comprender un texto

Un calentamiento en mapas mentales

Este ejercicio está diseñado para inculcar los elementos fundamentales del mapeo mental en los patrones celulares de tu cerebro, de manera que el dominio de los mapas mentales empiece a ser una segunda naturaleza en ti.

Al practicarse en cuatro etapas, el "bombardeo" inicial libera al cerebro de la prisión de la autocensura, y permite que se siga una rápida curva ascendente de aprendizaje. Entonces, en la medida en la que progresas dedicando de 5 a 10 o 20 minutos a tu mapa mental, se volverá evidente que una vez que el cerebro realmente sepa lo que es un mapa mental, tendrá la libertad de expresar sus pensamientos naturales. Al igual que un corredor que se ajusta a un paso más rápido, el cerebro puede "respirar" con mayor libertad y, en los ejercicios más largos, puede inhalar y exhalar con mayor placer y productividad.

Empecemos:

Lee las 99 aplicaciones de mapas mentales (ver página 155).

Ahora elige un tema y traza un mapa sobre él. Date sólo 5 minutos para esbozar el mapa mental. La idea es liberarte de manera muy parecida a los esbozos relámpago que hacen los artistas como calentamiento antes de disponerse a terminar una obra de arte.

Después de un corto receso selecciona un tema de diferente categoría (por ejemplo "Educación" en lugar de "Hogar"). A continuación, haz un mapa mental en 10 minutos.

Repite el proceso con un tercer tema de otra categoría. Acaba tu mapa mental en 15 minutos.

Elige un cuarto tema de entre las categorías restantes. Termina este mapa en 20 minutos.

Compara la cantidad de detalle y originalidad de los cuatro mapas, desde una primera etapa a otra más desarrollada. Después, imagina todo lo que hubieras podido producir si hubieras tenido una hora para terminar un mapa mental para buscar soluciones.

Revisa otra vez con detenimiento los mapas mentales. ¿Cuál te atrae más? ¿Por qué?

Ahora, o cuando vuelvas a tener la oportunidad, trabaja en el mapa que te atrae más hasta que te parezca totalmente terminado, o úsalo como base para otro sobre el mismo tema.

Mapeo mental avanzado en el hogar

El resto de este capítulo explora algunos ejemplos de cómo puedes llevar tu práctica de mapeo mental un paso más allá usando mapas mentales para manejar situaciones complejas y difíciles, así como considerar una perspectiva más amplia de lo que deseas en todas las áreas de tu vida.

Organizadores de mapas mentales

Con los mapas mentales puedes hacer mucho más que revisar las semanas venideras. También son grandes organizadores diarios; de igual manera, puedes usarlos para resumir tu calendario para todo un mes o incluso un año. Un mapa mental organizador se puede usar tanto para planear tu vida como para evaluarla; te puede ayudar a poner de relieve tus prioridades y darte la seguridad de que estás a cargo de tu propio tiempo, logrando un sano equilibrio entre el trabajo y el ocio. En lugar de que te vuelvas un esclavo de un calendario que no es de tu autoría o que vele por tus mejores intereses, un mapa mental organizador es una eficaz manera de asegurarte de que tus días estén literalmente ¡llenos de color!

Mi mapa mental organizador está lleno de imágenes, códigos, colores, palabras y símbolos claves. El tema más importante del día siempre inspira la imagen central. Por lo general, uso cinco ramas principales: "mañana", "almuerzo", "tarde", "noche" y "miscelánea", a pesar de que a veces estas ramas principales, o los eventos relacionados con ellas, pueden generar cinco minimapas mentales separados, que giran en torno del mapa mental central como satélites alrededor de un planeta.

El mapa mental central se conecta con un dibujo de un reloj en la esquina superior izquierda de la página (como se describe en el ejercicio de la página 161). Las imágenes, los símbolos y los códigos se colocan en los horarios del reloj, dándome una visión general instantánea de lo que me gustaría llevar a cabo en las horas siguientes. A diferencia de un organizador convencional lineal, que sólo enlistaría las horas del día de 8:00 a.m. a 6:00 p.m., los relojes de mi mapa mental diario se dividen en 24 horas. Elijo empezar mis días a medianoche porque, como muchos otros pensadores creativos, he encontrado que el cerebro puede ser muy productivo en la madrugada. Por ejemplo, podría decidir pasar las horas entre la medianoche y las 3:00 a.m. concentrado en un nuevo proyecto, escribiendo, haciendo mapas mentales o resolviendo problemas.

Las imágenes de mi mapa mental diario se vinculan a su vez con mi programa mensual, de manera que ambos —el diario y el programa— trabajan en conjunto como los engranajes de una máquina. Mi programa mensual muestra imágenes y palabras claves relacionadas con los eventos más importantes del mes, así como las actividades permanentes que disfruto, como correr, remar e impartir conferencias.

Las entradas de mi diario y los calendarios mensuales trabajan simbólicamente: la sinopsis del mes dispara mi memoria de los días, y los días disparan la memoria del mes. Cada vez que hojeo mi diario es como ver imágenes de la película de mi vida.

Antes de inventar el mapeo mental y de desarrollar esta manera de llevar una combinación de diario y programa mensual, olvidaba trozos enteros de mi vida. Sin embargo, ahora el mapeo mental mantiene mi memoria fresca y yo intento seguir usándola hasta el día que muera. Y espero que, una vez que hayas recibido los beneficios y placeres de los mapas mentales en serio, ¡lo mismo sea para ti!

Además de trazar en un mapa tu programa mensual, puedes emplear otro mapa mental para crear un organizador anual. Un mapa mental anual podría tener una rama para cada mes del año, mientras que las sub-ramas se referirían a las consideraciones y preocupaciones más apremiantes de ese mes. Ésta es una excelente forma de planear eventos importantes como bodas, viajes, paseos y fiestas. También empleo organizadores anuales para asegurarme de que el año siguiente contenga un saludable equilibrio entre trabajo, viaje, escritura y ocio.

Hora por hora

Intenta hacer una entrada de un mapa mental organizador hoy.

Empieza por dibujar un reloj en la esquina superior izquierda de tu página. Divídelo en 24 segmentos.

Llena los segmentos del reloj con palabras apropiadas, imágenes y códigos, bloqueando tu empleo del tiempo.

¿Qué es lo más importante que necesitas considerar o lograr hoy? Usa esto para inspirarte en la imagen central de tu mapa mental. Dibuja tu imagen central debajo del reloj, dejando suficiente espacio alrededor de ella.

Ahora crea ramas desde la imagen central, relacionadas con las áreas principales o temas de tu día. Ilumina estas ramas con colores diferentes. Crea sub-ramas a partir de las ramas principales.

Vincula las ramas principales y las sub-ramas con el reloj con flechas conectoras donde sea necesario, de manera que las dos trabajen en armonía, ¡como un reloj!

¿Hay cualquier evento, experiencia o consideración que valga la pena hacer por su cuenta en los minimapas, encerrando en un círculo el mapa mental?

Una vez que hayas acabado, considera qué perspectivas te ofrece el mapa mental en la manera en la que usas tu tiempo.

Mapeo mental avanzado en el trabajo

Con los años, la comunidad de negocios adoptó el mapeo mental con increíble entusiasmo. Algunas veces ello ha producido resultados desiguales: como vimos en el Capítulo 3, muchos de los diagramas que pretenden ser mapas mentales no lo son en realidad. Sin embargo, cuando se observan las leyes adecuadamente, los mapas mentales pueden alcanzar resultados espectaculares en el trabajo, en donde tienen una gama infinita de aplicaciones, incluyendo proyectos de investigación, presentaciones creativas, redacción de reportes anuales, administración del tiempo, lluvia de ideas, negociación y pensamiento estratégico.

Elevando el nivel de sus aplicaciones, los mapas mentales se pueden utilizar para planear el panorama de una compañía a gran escala; tienen otros usos sofisticados como resolver los litigios de una empresa (ver página 164). Sobre una base individual, te pueden ayudar a decidir qué carrera seguir, así como planear cómo subir en la escalera de los ascensos.

Toma de decisiones

En el Capítulo 4 vimos cómo hacer frente a la indecisión al considerar el resultado de un mapa mental. Aquí vamos a ver cómo los mapas mentales pueden ser muy útiles en la toma de decisiones misma, al permitirte ver los pros y contras de cualquier situación de un vistazo. Por supuesto que ésta es una habilidad útil en cualquier aspecto de la vida, pero tal vez sea la más valiosa de todas en el trabajo.

Las decisiones que conducen a respuestas simples como sí/no se conocen comúnmente como decisiones diádicas (del latín *dyas*, que significa "dos"). Al utilizar un mapa mental para ayudarte a tomar una decisión diádica, créalo como lo harías con cualquier otro mapa, empezando por una imagen central fuerte y usando tu imaginación, asociación e intuición para producir ramas principales a partir de esta imagen, que se relacionen con las consideraciones más importantes que desees abordar.

Cuando estás haciendo un mapa mental para tomar una decisión, sé consciente de que los colores e imágenes que asignas a las diferentes ramas le darán una pista al sutil funcionamiento de tu subconsciente, tal vez al revelar preferencias ocultas mediante el empleo de tus colores favoritos para lo que te agrada, o de colores e imágenes menos favorecidos para los que no te agradan.

Una vez que hayas terminado el mapa mental sobre tu disyuntiva, tómate un momento para reflexionar:

- **¿Qué sentimientos te provocó crear el mapa mental? ¿Experimentaste emociones particularmente fuertes al trabajar alguna de las ramas? ¿O cualquiera de ellas te dejó completamente indiferente?**
- **¿Experimentaste un momento de claridad en cualquier etapa durante el proceso? ¿Pudiste intuir un camino hacia adelante incluso antes de terminar el mapa mental?**
- **Clasifica cada una de las palabras claves en cualquier lado del mapa mental con un número entre 1 y 100 de acuerdo con la importancia de la palabra. Suma los puntos de los "sí" y de los "no". ¿Qué suma es mayor? El total más alto gana, pero ¿cómo te sientes por el resultado?**
- **Si aún no tienes claridad respecto a cómo seguir adelante, o de tu reacción al plan de acción sugerido por el mapa mental, tómate tu tiempo. Vete e incuba tu respuesta.**
- **Si lo anterior no te conduce a una decisión, recuerda el proceso descrito en el Capítulo 4 (ver página 139), relativo a la indecisión.**

Ya sea que estés decidiendo si debes redecorar tu recámara o cambiarte de casa, llevar a cabo un tratamiento propuesto por tu profesional de la salud o aceptar un trabajo nuevo, los mapas mentales pueden actuar como un compañero leal a lo largo del camino, ayudándote a enfrentar las grandes (y las pequeñas) decisiones de la vida con ecuanimidad.

Los mapas mentales y el arte de la solución de conflictos

Los mapas mentales son generalmente creados por los individuos como herramientas del pensamiento sumamente personalizadas, no obstante que pueden ser un proyecto conjunto muy productivo. En este nivel más avanzado pueden ser una manera sumamente útil y gratificante de analizar el punto de vista de otra persona conjuntamente con el tuyo, y para hallar elementos comunes y resolver controversias.

> Antes de que intentes crear un mapa mental conjunto para resolver un desacuerdo o un disgusto, necesitas acumular suficiente experiencia en el mapeo mental para hacer sentir que las leyes forman parte de cada fibra de tu ser.

De esa manera estarás absolutamente seguro del proceso antes de intentar guiar a nadie a través de éste.

Hay dos posibles enfoques para usar el mapeo mental en la resolución de conflictos. El primero involucra a dos o más personas que trabajan juntas en un solo mapa mental, que se turnan para añadir ramas, para analizar asociaciones y discutir el enfoque. En el segundo método, las partes interesadas trabajan en mapas mentales separados, los que después se comparten, comparan y discuten.

He encontrado que la mejor manera de proceder es primero presentar los problemas y después seguir con los aspectos positivos antes de establecer soluciones. Así, es más probable que la discusión siga siendo animada y alcance una conclusión positiva, en lugar de que se deteriore en una espiral de negatividad.

Cualquiera que sea el enfoque que adoptes, es importante permitir que todo el mundo manifieste su opinión; que hable honesta y abiertamente, y que respete las opiniones de los demás, ya sea que esté de acuerdo con ellas o no. Si el intercambio se caldea, tómate tu tiempo para que se calme. Después, retoma la discusión manteniendo en foco sólo la información del (los) mapa(s) mental(es), en lugar de caer en la tentación de recurrir a los ataques o a las críticas personales.

Como se muestra en la siguiente página, un mapa mental para solucionar conflictos puede empezar por definir la cuestión de la que se trata, y que tal vez cada participante contribuya con palabras claves que resuman la situación para ellos. La siguiente rama puede analizar los efectos de la situación, abarcando los aspectos positivos (si los hay), así como los negativos, revisando áreas como el impacto en el equipo y en los sentimientos personales. Después, puedes abordar lo que tú creas que se necesita para resolver la situación, así como lo que quieres (necesidades y deseos no son necesariamente lo mismo). Por último, el mapa mental puede explorar soluciones que se basen en las perspectivas no cubiertas durante el proceso.

Una vez que se haya completado el intercambio, un paso positivo hacia adelante podría ser crear un mapa mental conjunto basado en las soluciones que se han alcanzado. Un posible enfoque se ilustra en la siguiente página, en donde los dos participantes emplean cada uno un color que los identifica (azul y rojo) para resaltar sus sentimientos e ideas, en lugar de que a cada rama se le dé su propio color, como es más frecuente en el mapa mental. En donde los sentimientos son mutuos se utilizan ambos colores, y un tercer color (morado) se emplea para la rama que identifica la solución conjunta a la que se llegó.

Trabajar para vivir, vivir para trabajar

Pienso que debo ser un fuerte contendiente para la persona con el mejor trabajo del mundo: conozco a gente fascinante, viajo por todo el mundo compartiendo mi pasión por los mapas mentales, y soy testigo de primera mano de cómo transforman radicalmente la vida de otros. ¡Realmente es sorprendente! Como adultos, muchos de nosotros pasamos el mayor tiempo de vigilia en el trabajo. A la luz de esto, creo que es importante encontrar un trabajo que de alguna manera nos proporcione un sentimiento de realización, o que alimente nuestro sentido de propósito. En este caso, otra vez, los mapas mentales pueden ayudar, como lo muestra la siguiente historia de Maneesh Dutt.

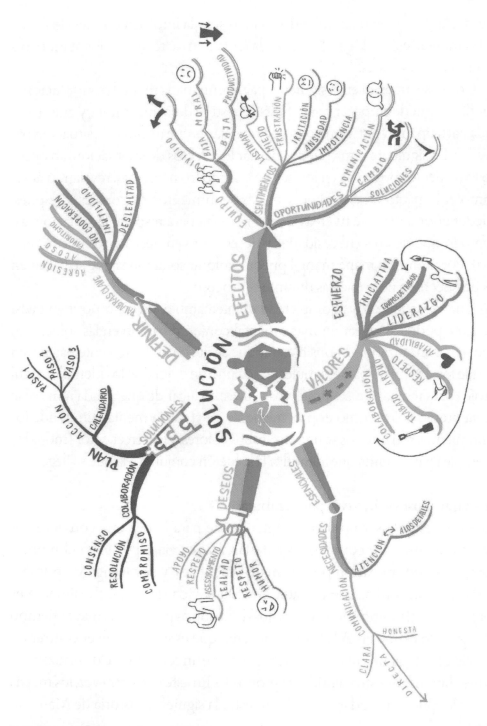

Mapa mental para resolver conflictos

El valor de empezar por mi cuenta

Maneesh Dutt es un exitoso autor, conferencista y entrenador. Trabajaba como ingeniero químico en Delhi cuando se dio cuenta de que necesitaba algunos cambios si deseaba seguir la carrera que realmente amaba. Ésta es su historia:

Hay una mayoría "silenciosa" de empleados de empresas que abrigan una ambición empresarial, pero que no reúnen la energía suficiente para impulsarse en la dirección de su pasión. Hace tiempo yo no era diferente. Después de haber sido picado por el gusanito del mapeo mental, estaba considerando dejar mi trabajo para proseguir esta pasión de 24 horas al día los 7 días de la semana. Sin embargo, con sólo dos décadas de experiencia en un trabajo fijo detrás de mí, y sin ninguna experiencia empresarial, ésta no era en ningún aspecto una decisión fácil y yo abrigaba mis dudas y temores.

Pero todo cambió un tranquilo fin de semana cuando decidí cartografiar mi problema. Realicé un sencillo mapa mental con cuatro ramas, como se muestra en la página siguiente.

En las primeras dos ramas (a la derecha) analicé el dolor que estaba tratando de evitar al no cambiar, y el placer que obtenía al continuar en mi trabajo. En la tercera rama identifiqué el dolor que experimentaría si continuaba por mucho tiempo en mi trabajo real. Por último, la última rama reflejaba la satisfacción que alcanzaría si me convertía en entrenador/consultor independiente de mapas mentales.

Este mapa mental —y especialmente la última rama, que contenía todas mis jubilosas emociones— me proporcionó el muy necesario valor para dar el paso y empezar por mi cuenta sin más dilación. Así que el lunes siguiente presenté mi renuncia y empecé mi trayecto como entrenador independiente. Estoy feliz de confirmar que no ha habido marcha atrás: en verdad estoy

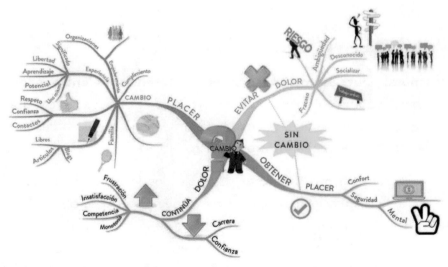

Mapa mental de Maneesh Dutt sobre su reto profesional

experimentando todo lo que he mapeado. Aliento decididamente a otros que se encuentren en un dilema similar a intentar con este tipo de mapas mentales.

Maneesh Dutt es actualmente un exitoso instructor global de mapas mentales y autor de libros, incluyendo *Mind Maps for Effective Project Management* [Mapas mentales para una efectiva gestión de proyectos], que puede encontrarse en los estantes de la prestigiosa biblioteca de la Harvard Business School.

Elaborando una visión de empresa

En 2015, la científica y matemática árabe, doctora Manahel Thabet, obtuvo el Récord Mundial Guinness cuando enseñó a 1,350 estudiantes a hacer un mapa mental en sólo 30 minutos. También es creadora de un Supermapa Mental que me dejó sin aliento cuando fui a verla a Dubái. Manahel me comentó que después de que se le concedió el Récord Mundial, Abdulhamid Juma,

La doctora Thabet examinando un esbozo del mapa mental del DIFF

presidente del Festival Internacional de Cine de Dubái (DIFF, por sus siglas en inglés), la abordó. La retó a crear un mapa mental sobre las operaciones, alcance y posición global del Festival de Cine de Dubái. Además de esto, Abdulhamid le pidió a Manahel que me invitara a firmar el mapa mental cuando éste estuviera concluido.

Durante tres días Manahel entrenó a un equipo de gerentes del DIFF en mapeo mental y trabajó con ellos en la recopilación y cotejo de información. Ninguna organización había intentando un proyecto como éste nunca antes, y al principio algunos miembros del equipo se mostraron comprensiblemente escépticos sobre el proceso: ellos lo veían como una confusa masa de colores y garabatos. En un principio no creían que el mapeo mental pudiera ayudar a mejorar su creatividad, memoria e inteligencia. Sin embargo, al final de los tres días estaban totalmente de acuerdo. Manahel y su equipo pasaron todo un día dibujando el mapa mental. El resultado de su colaboración fue un logro notable. El mapa mental del DIFF era complejo, amplio, práctico y observaba las leyes del mapeo mental hasta el último detalle. Proporcionaba una visión general integral de la compañía en ese momento, a la par que resaltaba áreas de potencial desarrollo y expansión, convirtiéndolo

Fue un placer y un privilegio añadir mi firma al mapa mental del DIFF

en la herramienta perfecta para guiar con éxito a la compañía hacia el futuro.

Manahel recuerda que, mientras trabajaba en el mapa, los hombros le dolían tanto que se sentía como Miguel Ángel cuando pintó la Capilla Sixtina. Le dije que sería un honor firmar el mapa mental del DIFF. Según lo observaba, cada vez me parecía más maravilloso. Hasta donde sé, era el primer mapa mental que considera un tema con detalle microcósmico y macrocósmico, y que mapea su pasado y a la vez pone de relieve su probable futuro.

Mapeo mental avanzado para la educación

En el Capítulo 2 expliqué que los mapas mentales son como soldados en la batalla contra la ignorancia que potencian tu cerebro con su artillería. Ya sea que estés proyectando un discurso, preparando una presentación o redactando un ensayo, el mapeo mental es una excelente manera de ordenar y articular tus pensamientos. Se pueden emplear para aprender idiomas, para la toma de apuntes avanzados y para resumir obras completas, así como en la redacción de ensayos y proyectos de investigación. Si tienes un objetivo didáctico, los mapas mentales te pueden ayudar a alcanzarlo.

Raymond Keene, Oficial de la Orden del Imperio Británico [OBE, por sus siglas en inglés], es un Gran Maestro de ajedrez británico, corresponsal de ajedrez de *The Times* y *Spectator*, y el más prolífico autor sobre ajedrez y la historia del juego. Es el autor del mapa mental de la página 173 que explica la historia del juego moderno del ajedrez.

Aprende como un oriundo

Por medio del color y de las imágenes, el mapeo mental despega el lenguaje de la página y libera el cerebro, como a un pájaro de su jaula, para que vuele libremente en el reino de las ideas y de las asociaciones. Ésta es una de las razones por la que un mapa mental es un medio excelente para aprender una segunda lengua. Cuando estabas en la escuela, ¿tenías que memorizar listas tediosas y monocromáticas de vocabulario? No es de extrañar que muchos de nosotros pensemos que los idiomas son difíciles de aprender. A diferencia de los métodos de enseñanza lineales y las soporíferas columnas de palabras, un mapa mental es un excelente medio para aprender vocabulario nuevo.

El mapa mental tiene la ventaja respecto a otros métodos de enseñanza de que es producto del mismo lenguaje humano (ver Capítulo 1, página 33); por lo tanto, instintivamente trasciende las divisiones con objeto de crear vínculos y conexiones entre categorías separadas. La fragmentación también puede usarse de manera muy efectiva en los mapas mentales para aprender algún idioma, para agrupar información relacionada en conjuntos fáciles de recordar, imitando la forma en la que el cerebro procesa información.

Prueba de vocabulario

A continuación, hay una selección de palabras suecas y su equivalente en español presentadas en forma de lista, tan entrañable para los maestros de todas partes. Tu misión —en caso de que aceptes— es crear un mapa mental con base en este vocabulario. Asegúrate de incluir color, muchos símbolos y fragmentación donde lo consideres adecuado.

människa	ser humano	valpca	chorro
man	hombre	katt	gato
kvinna	mujer	kattunge	gatito
barn	niño	fågel	pájaro
hund	perro	fisk	pescado

Una vez que hayas creado tu mapa mental, durante 20 minutos examínalo y memorízalo.

Cuando estés listo, cubre el mapa y la lista de vocabulario (¡sin hacer trampa!). A continuación, responde las siguientes preguntas:

¿Cuál es la palabra sueca para "ser humano"?

Kattunge es a katt como .... es a hund.

¿Cuál es el equivalente en español de kvinna?

¿En dónde esperas encontrar un fågel, en el cielo o en el mar?

¿Cuál es la palabra sueca para "niño"?

Una herramienta de pensamiento para el éxito

Observa detenidamente el mapa mental que se presenta a continuación. ¿Qué te dice?

En él, el Gran Maestro ajedrecista Raymond Keene traza la historia del ajedrez. Empieza con partidas en la ciudad perdida de Ur, toma en consideración el cultivo árabe del juego *sha-tranj* (un precursor del ajedrez), traza los cambios que sufrió en el Renacimiento y concluye con las influencias españolas, lo que resultó en el juego moderno.

El artículo en el que se basa el mapa mental tiene casi 1,000 palabras y rastrea 5,000 años de historia; sin embargo, el mapa mental de Raymond pone a disposición toda esa información de un vistazo. En sus propias palabras:

La virtud de un mapa mental cuando estás preparando una conferencia o redactando un artículo es doble: el escritor se

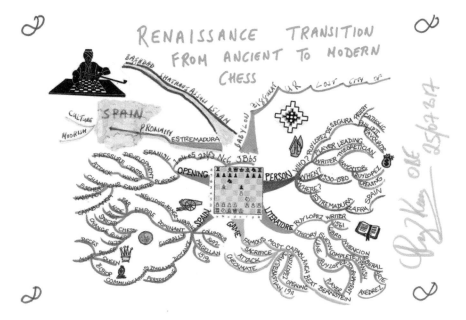

Mapa mental sobre la transición al ajedrez moderno por Raymond Keene

ve constantemente estimulado por la ramificación de ideas hacia pensamientos nuevos y más audaces; en tanto que al mismo tiempo las palabras claves y la imagen central garantizan que en la verborrea de hablar y escribir, ningún punto importante se pase por alto.

El mapa mental es particularmente útil en este contexto. Sin necesidad de pasar o barajar páginas es posible informar al auditorio con anticipación sobre la estructura y los puntos claves. Como siempre estás trabajando con una hoja, le puedes decir al auditorio lo que planeas decir, lo puedes decir con confianza, y después recapitulas para demostrar que has probado tu punto. Con las notas lineales se corre el peligro de terminar sencillamente donde se detienen las notas, en esencia un momento al azar, a menudo determinado por la cronología más que por el significado.

Asumiendo que el conferencista tiene un dominio absoluto sobre su materia, las palabras claves actúan como un catalizador del entusiasmo e improvisan ideas en lugar de

realizar una seca enumeración de hechos, a menudo deter-
minados por fechas más que por un contenido significativo
(por ejemplo, la conferencia empieza al principio de la vida
del sujeto y termina al final). Si el conferencista no tiene un
perfecto dominio del tema, las notas lineales sencillamente
lo empeoran. Ya sea para escribir un artículo o para impartir conferencias, el mapa mental actúa como el timón de un
buque para navegar a través de los principales océanos de la
disertación.

Mapeo mental avanzado para la creatividad

Si has estado creando mapas mentales para los ejercicios de este libro, espero
que a estas alturas tengas claro que eres naturalmente creativo: has estado
aplicando tus facultades de asociación e imaginación para crear mapas mentales extremadamente individuales y únicos que expresan el funcionamiento
de tu cerebro.

He visto muchos mapas mentales que son maravillosas obras de arte por
derecho propio, con deslumbrantes colores e imágenes creativas. Sin importar si un mapa mental cae dentro de esta categoría, puede inspirar piezas
maestras. Por ejemplo, puede utilizarse para dar forma a una escultura o para
trazar los movimientos en una pieza musical, así como servir de inspiración
a obras de poesía o de prosa.

Escribe como un poeta

Puedes pensar que la poesía es algo que sólo los "poetas" pueden hacer, pero
con la ayuda de un mapa mental tú también puedes encontrar a tu musa. La
poesía ha sido una de las fuerzas vitales de mi propia vida. En el Capítulo 2
te alenté a aprenderte una quintilla de Edward Lear. En la siguiente página
hay un ejercicio que te invita a escribir algo propio. Sin embargo, primero me
gustaría compartir un sencillo fragmento mío, en el cual las imágenes fluyen
como una rama en un mapa mental:

Encuentra a tu musa

A continuación se presenta este ejercicio para que compongas un poema propio. Empieza por escoger una de las palabras seleccionadas al azar:

rosa	invierno	agua
puente	nube	otoño
dormir	rompecabezas	palpar
hoja	vidrio	cuchillo
arena	cuerda	tocar
ratón	sándwich	amor
piel	sueño	

Una vez que hayas seleccionado la palabra, crea un mapa mental sobre ella. Alarga las ramas, sub-ramas y sub-sub-ramas de este mapa tan lejos como puedas, hasta las orillas del papel, usando colores, imágenes, códigos y flechas conectoras.

¿Qué rama sobresale más?

¿Qué imágenes atrapan tu atención y encienden tu imaginación?

¿Qué conexiones te intrigan más?

Usa estos estímulos como base de un poema corto.

Alegre gorrión
que haces piruetas;
hoja otoñal
que se desliza
en la brisa de primavera.

Como puedes ver, éste es un poema muy breve que se parece más a un haikú japonés por su sencillez y enfoque, aunque no posee la estructura formal de tres líneas del haikú. Lo comparto para dejar en claro que no tienes que seleccionar un gran tema o una combinación de rimas para escribir un poema que signifique algo para ti. Sigue las instrucciones de la página 175 para hacer un mapa mental de un tema sencillo y ¡prepárate para conocer a tu poeta interior!

¡Que te publiquen!

Como habrás notado, muchos de mis compañeros cartógrafos mentales se han convertido en autores publicados. Si estás pensando en escribir un libro propio, emplea un mapa mental para planear tu enfoque. Actualmente, si deseas que tu libro sea un éxito, necesitas pensar en más de un tema. Usa tus ramas y sub-ramas para considerar aspectos como:

- **El concepto del libro: la chispa inicial de tu idea, tu enfoque y las ambiciones respecto a él. ¿Quieres que informe, sorprenda y/o entretenga?**
- **Investiga qué tienes que hacer antes de empezar a redactar: esto puede ser sobre el género que elegiste, el mercado (¿cuál es la competencia?), tu público lector (edad y género, por ejemplo), así como información general necesaria para el texto mismo.**
- **Tu plan sobre los elementos de tu libro, tales como (si estás escribiendo ficción) la trama, los personajes y temas, así como tu horario de escritura y el número límite de palabras.**

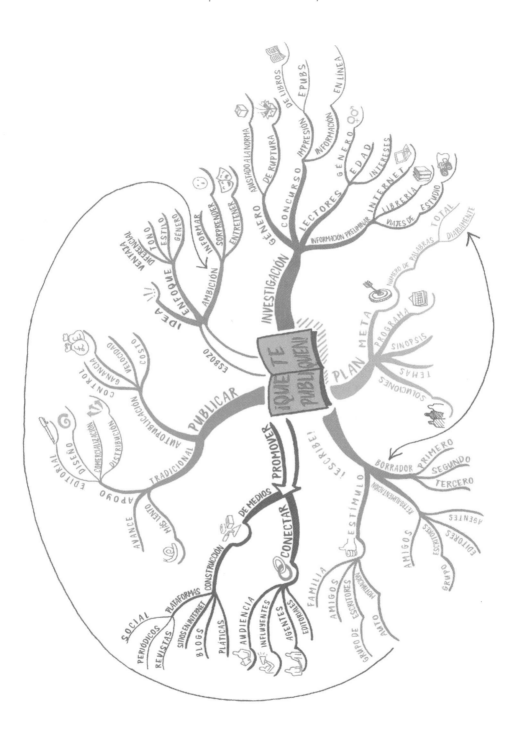

Las infinitas aplicaciones de los mapas mentales

Mapa mental para hacerte publicar

- **El proceso de escritura en sí mismo, incluyendo un programa para los borradores, así como dónde encontrarás estímulo y retroalimentación.**
- **Cómo promoverás el libro y a ti mismo como autor. Esto incluye formas de conectar con tu público y construir una plataforma para promover tu trabajo por medio de, por ejemplo, las redes sociales y un blog personal y una página web.**
- **Por último, podrías querer analizar si deseas seguir la ruta tradicional de las publicaciones o intentar la autopublicación, sopesando factores como costos, ganancias, velocidad, apoyos y libertad artística respecto a los otros.**

Aplica los principios del pensamiento de diseño

El pensamiento de diseño es una metodología que ha cobrado importancia en años recientes como una forma de razonamiento práctica, creativa, basada en soluciones. Las etapas generalmente incluyen una variación sobre:

> Empatizar – aprender de las personas
> Definir – encontrar patrones
> Idear – diseñar principios
> Prototipos – hacer tangible
> Probar – reiterar

Éste se puede aplicar a sistemas, procedimientos, protocolos y experiencias del cliente. Más que concentrarse en arreglar problemas, es un proceso orientado hacia la acción que se enfoca en hallar resultados deseables y toma en consideración la empatía y las emociones. También hace un llamado a la lógica, la imaginación y la intuición. (¿No te recuerda nada todavía?).

La forma de pensar del diseño es acumular ideas hasta que se alcanza un momento de luminosidad, cuando el camino a seguir se hace claro. Como el pensamiento de diseño implica hacer las cosas visibles y tangibles, el dibujo

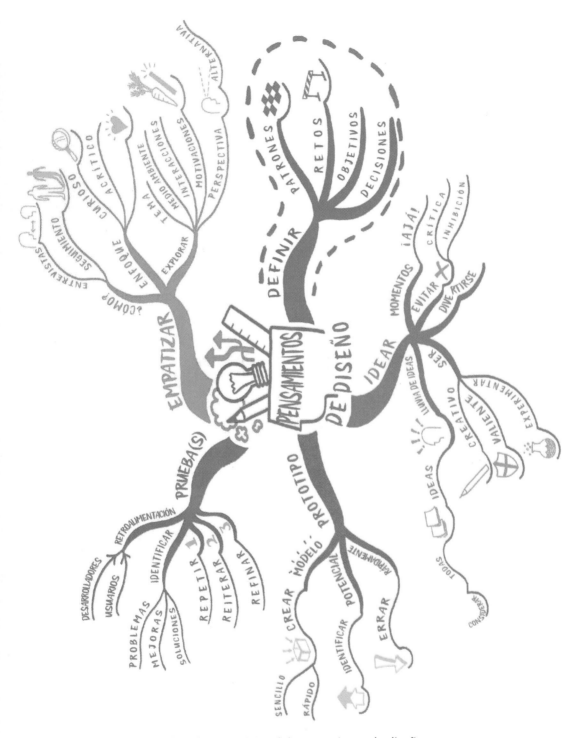

Mapa mental para aplicar los principios del pensamiento de diseño

es una de sus principales herramientas para trabajar por medio de ideas, de participación, de diálogo y comunicación. En la página anterior encontrarás un mapa mental que analiza la aplicación de los principios básicos del pensamiento de diseño.

Entonces, no es de sorprender que los mapas mentales jueguen un papel integral en el método de pensamiento de diseño. Después de todo, el mapa mental tiene que ver con la imaginación y la construcción de ideas por medio de hacerlas visibles en la página. Más aún, el mapa mental en *sí mismo* es un diseño: ¡es el pensamiento hecho visible! Los mapas mentales y los minimapas mentales pueden aplicarse a cada etapa del proceso de diseño —desde la concepción de un diseño hasta su realización práctica—, y pueden emplearse para diseñar cualquier cosa, desde el programa de plantación de un jardín, un plan para expandir un negocio, hasta bosquejar tu vida ideal.

Mapeo mental avanzado para el bienestar

Hemos visto cómo los mapas mentales pueden actuar como tu mismo entrenador personal (ver Capítulo 2, página 111) al ayudarte a planear un régimen de entrenamiento o a disfrutar de una dieta saludable.

Además de su uso para promover el bienestar general, los mapas mentales han demostrado su efectividad en un número de afecciones, como el autismo y la dislexia. Las personas que están bajo el espectro autista, con frecuencia tienen grandes habilidades visuales, lo que significa que los niños autistas tienden a aprender mejor por medio de métodos visuales. Por supuesto, los mapas mentales son muy visuales y fomentan el enfoque de aprender-haciendo. Ofrecen una visión general de un tema y ponen el énfasis en las relaciones entre diferentes aspectos de éste, haciendo que la información aparezca ordenada, lo que ayuda a los estudiantes autistas a mejorar su recuerdo de esa información. Para aquellos con dislexia, la memoria de corto plazo, la concentración y la secuenciación de la información pueden resultar aspectos problemáticos de la vida diaria, por lo que los mapas mentales les ofrecen una forma útil de organizar y asimilar la información.

La historia de Kate Swaffer

Cuando a Kate Swaffer se le diagnosticó demencia a los 49 años, los profesionales le aconsejaron que abandonara su trabajo, pusiera sus asuntos en orden y aprovechara al máximo el tiempo que le quedara. Poco menos de una década más tarde había obtenido dos grados universitarios, una maestría y estaba estudiando el doctorado.

Hoy, Kate es poetisa, autora y una aclamada portavoz de millones de personas en el mundo que viven con demencia. En 2017 se le concedió el galardón Australiana del Año para Australia del Sur y su espectacular trabajo continúa llevándola a todo el mundo.

Kate es defensora de intervenciones no farmacológicas y los mapas mentales constituyen una parte importante de su arsenal. Fue introducida al mapeo mental en 2007 por su consejero sobre incapacidad en la Universidad de Australia del Sur, y en su blog ha descrito cómo no podría funcionar tan bien como lo hace sin los mapas mentales: "[...] porque mapean las cosas visualmente, ofreciéndome otra manera de encontrar mi camino". Su historia es un humilde ejemplo de la forma en la que los mapas mentales pueden ayudar a una persona valerosa como Kate a vivir una vida plena frente a un diagnóstico como la demencia.

Para los que sufren de depresión y de estados de falta de motivación, un mapa mental puede destacar los síntomas, exponer técnicas de adaptación y estrategias, e incluir información médica útil sobre las causas biológicas. Éste se convierte en un plan de acción, así como en una herramienta de diagnóstico. Dondequiera que el estrés pueda conducir al olvido, a la rigidez y a una espiral descendente de miedo, los mapas mentales pueden actuar como calmantes, alejando el estrés. Cuando el cerebro se encuentra menos estresado, el cuerpo está menos estresado, lo que conduce a un mejoramiento en el desempeño y al bienestar mental y físico.

Los mapas mentales se pueden usar en general para mejorar tu comprensión de una enfermedad y para formular un plan de tratamiento útil. Si, por ejemplo, estás creando un mapa mental para manejar la ansiedad, podrías empezar con una imagen central que se relacione con tus sentimientos, y después crear ramas principales y sub-ramas relacionadas con:

- **cosas que detonan tu ansiedad**
- **cómo la ansiedad afecta tu vida**
- **cosas que son contraproducentes y exacerban tu ansiedad**
- **actividades que te ayudan a manejarla**
- **apoyo de la familia, amigos y profesionales**

Los mapas mentales también pueden ser útiles para cuidadores. Pueden, por ejemplo, usarse para registrar notas sobre aspectos importantes de la vida de una persona, como su estilo de vida preferido y los individuos o eventos importantes en su vida. Además de su función social, los mapas mentales se pueden emplear médicamente como un medio para organizar y acordar los detalles de cuidado y los planes de tratamiento.

La lucha contra la demencia
Como almacenes o incluso como grandes depósitos de información, los mapas mentales pueden ayudar a defender el fuerte en la batalla contra enfermedades devastadoras como la demencia. Pueden ser usados por aquellos a quienes se les ha diagnosticado demencia, así como por los que los cuidan.

En 2010, el psicólogo investigador estadounidense doctor George Huba fue diagnosticado con una enfermedad neurodegenerativa de aparición temprana, sin tratamiento, y demencia. Se le dijo que le quedaba muy poco tiempo. Un año más tarde se retiró de su trabajo como evaluador de programas de salud y asistencia social. Sin embargo, no tenía intención de renunciar a sí mismo. En cambio, recurrió a su experiencia profesional para investigar sobre métodos de pensamiento visual para aquellos con deterioro cognitivo que deseaban minimizar el impacto en su futuro.

El doctor Huba pronto encontró que el mapeo mental proporcionaba una forma especialmente efectiva y barata de ordenar su vida y sus recuerdos diarios, tomar decisiones y planear para el futuro. Al deshacerse de estructuras de oración complejas y de la necesidad de aprender de memoria, los mapas mentales apelan a la mente en el momento presente. Actualmente, George Huba escribe un atractivo blog sobre *Mi vida como un experimento cognitivo y médico en curso*, goza de muchos seguidores en Twitter y ha publicado un pequeño libro titulado *Mind Mapping, Cognitive Impairment, and Dementia (Huba's Bolero)* [Mapeo mental, deterioro cognitivo y demencia (El bolero de Huba)]. Es un pionero en el uso de los mapas mentales como una herramienta para enfrentar los efectos del declive cognitivo.

A aquellos que padecen de demencia, los mapas mentales les ofrecen una herramienta de pensamiento visual con la cual registrar recuerdos, organizar rutinas diarias y planear el futuro. Por ejemplo, se pueden utilizar para seleccionar comidas y ropa, para recordar los medicamentos, y como diarios y organizadores. Pueden ayudar a los cartógrafos mentales con demencia a recordar las citas médicas y las visitas. Algunas personas con demencia pueden expresarse con mayor facilidad por medio de imágenes, esquemas y garabatos que con palabras, en cuyo caso los mapas mentales pueden actuar como un útil mecanismo para ayudarlas a relacionarse con las personas a las que aman y con quienes las cuidan.

> **Los mapas mentales ayudan a los que padecen de demencia y a aquellos que los apoyan a sacar el mayor partido posible del momento presente.**

Mapeo mental avanzado para la memoria

En 1991, Ray Keene y yo fundamos los Campeonatos Mundiales de Memoria, un evento independiente de los Campeonatos Mundiales de Mapeo Mental, pero que también pertenece al campo de los deportes de la mente, y forma parte del trabajo de toda mi vida en la promoción y mejoramiento de la alfabetización mental global. Hoy en día, competidores de todo el mundo participan en los campeonatos; es realmente un evento multicultural. Estos consisten en memorizar tanta información como sea posible dentro de cierto lapso, como el orden de un mazo de cartas o una secuencia larga de números binarios.

El campeón mundial mnemotécnico Dominic O'Brien figuró en el *Libro Guinness de los récords* por su éxito el 1 de mayo de 2002, cuando memorizó una secuencia aleatoria de 2,808 cartas de la baraja después de haberlas visto una sola vez. Como él explicó antes en este capítulo (ver página 153), los mapas mentales son esenciales en su estuche de herramientas.

Hemos visto cómo se pueden usar los mapas mentales para memorizar información. También pueden emplearse como ejercicios productivos en sí mismos con los cuales mejorar tu memoria al proporcionarle a tu cerebro un sano entrenamiento.

Un mapa mental del mapeo mental

Este maravilloso mapa mental se refiere a los procesos del mapeo mental en sí mismo. Fue creado por la cartógrafa china Liu Yan, y le ayudó a ganar una merecida medalla de oro en el Campeonato Mundial de Mapeo Mental en 2016. Liu Yan colocó un retrato mío como imagen central, y creó ramas relacionadas con aspectos centrales del mapeo mental como su metodología, sus aplicaciones y los medios por los cuales se crea a través del dibujo, el empleo de la tercera dimensión y las leyes del mapeo mental (ver Capítulo 2, página 58). El mapa mental resultante es imaginativo, ingenioso, colorido y es una delicia contemplarlo. Está lleno de toques de humor que hacen que memorizarlo sea fácil y divertido.

Predicar con el ejemplo

El siguiente ejercicio te permitirá experimentar las formas en las que el mapeo mental te pueden ayudar a leer más rápido, mejorar tu comprensión, tomar notas útiles y ofrecer una sinopsis del material que estás leyendo, así como memorizar esa información.

- **Elige un libro de tus estantes y ábrelo al azar.**
- **Hojéalo hasta que llegues al siguiente capítulo o a la sección principal del texto. Léelo por encima para tener un resumen de su contenido.**
- **Ahora traza un borrador de mapa mental.**
- **Si es necesario, refiérete a los siete pasos del mapeo mental del Capítulo 1, página 28 y a las leyes del mapeo mental en el Capítulo 2, página 58.**
- **Revisa el texto para encontrar más oro y perfecciona tu mapa mental. Mientras haces esto sigue revisando el texto y asegúrate de haber incluido todo lo que necesitas.**
- **Cierra el libro.**
- **Usando sólo tu mapa mental, recuerda el tema del texto tan detalladamente como puedas.**

Muchas personas creen que el tomar notas te hace más lento al leer. El mapa mental hace exactamente lo contrario: cuando tu mapa mental está sintonizado con las palabras claves de un texto, tu sistema ojo-cerebro buscará, como un detective, los elementos claves del contenido, conformando de inmediato una red de asociaciones que te dará la experiencia sorprendente de la comprensión. En la medida en que perfecciones tu mapa mental, perfeccionarás tu comprensión.

Crea magia

Cuando Liu Yan ganó el Campeonato Mundial de Mapeo Mental en 2016, yo estaba asombrado de su trabajo. Se las había arreglado para crear lo que sólo se puede describir como una obra de arte del mapeo mental en un ambiente sumamente presionado, con un tiempo muy limitado. Recuerdo haberle dicho al auditorio: "Ya sea que vengan de China o de cualquier otro país, por favor aprendan a hacer el mapeo mental de la señorita Liu, porque sin duda ella es una de las figuras claves en el campo del mapa mental". He aquí la historia de Liu en sus propias palabras.

Me llamo Liu Yan y vengo de Beijing. He estado enseñando mapeo mental en China desde 2009. Me interesé en los mapas mentales la primera vez que me topé con un libro de Tony Buzan. A los 23 años tomé la iniciativa de dibujar un mapa mental gigante (600 m^2), que se desplegó en la Montaña de Baiyun en Guangzhou, durante el 19º. Campeonato Mundial de Memoria en 2009.

Conocí al señor Buzan por primera vez en 2011, cuando él estaba dictando una conferencia. Como yo estaba entre el auditorio, no se me permitió entrar en contacto con él. Sin embargo, cuando terminó su conferencia me las arreglé para llegar al podio con mi mapa en las manos, a pesar de las personas que trataban de impedírmelo. Y el señor Buzan exhibió su generosidad al darme pacientemente instrucciones. Fue a partir de ese momento que decidí dedicar mi carrera profesional —de hecho, toda mi vida— a difundir y transmitir esta herramienta mágica.

Así que en agosto de 2014 viajé a Inglaterra para estudiar mapeo mental con el señor Buzan, y me convertí en la primera mujer supervisora calificada de China continental. A la fecha he enseñado a más de 60,000 estudiantes. La estudiante más joven que he tenido tenía sólo seis años. Después de su aprendizaje era capaz

Mapa mental sobre los procesos del mapeo mental por Liu Yan

de mapear un maravilloso discurso y después pronunciarlo en el escenario. Al estudiar mapas mentales muchos de mis estudiantes mejoraron su desempeño y se volvieron más eficientes en su trabajo.

En 2015 organicé a 81 estudiantes para planear y dibujar otro mapa mental gigante, el que, con 120 m², fue el más grande en China en ese momento. Estaba ansiosa por enviarle al señor Buzan la fotografía del mapa en cuanto lo terminamos. Al verlo, el señor Buzan le dedicó el mejor elogio al exclamar: "¡Sin parangón!".

Un año más tarde, en agosto de 2016, rompí este récord al dirigir a 189 estudiantes en la elaboración de otro mapa mental gigante, de 216 m², en dos horas y 20 minutos. El tema de este mapa era la excelente tradición cultural china, y el *People's Daily* informó sobre él en su sitio *web*.

He creado otro mapa mental gigante con mis estudiantes, incluyendo el mapa mental de China en 2017, con sus 34 provincias definidas como unidades. Su creación simboliza el intento de unir la cultura occidental y la oriental. Actualmente en China el mapeo mental se ha convertido en una herramienta de aprendizaje que muchos estudiantes de escuelas primarias y secundarias tienen que dominar, y también es una habilidad necesaria para los empleados de muchas grandes empresas. Quiero desempeñar un papel propio en transmitir el mapeo mental a las futuras generaciones de China, para lo que he escrito dos libros sobre el tema; uno es una introducción al mapeo mental y el otro relaciona los mapas mentales con los antiguos principios del Tao-te-Ching.

El 12 de diciembre de 2016 participé en el Campeonato Mundial de Mapeo Mental en Singapur. Después de una feroz competencia, jugando tres juegos diarios, rompí el récord con una puntuación de 92.5 en un evento de lectura veloz de artículos de revistas y presentando dicha información en la forma de mapas mentales. También establecí récords en los otros dos eventos, al dedicar un promedio de media hora en cada uno. En el momento en el que el señor Tony Buzan dijo: "La ganadora de este año de la medalla de oro en el Campeonato Mundial de Mapeo Mental es Liu Yan", rompí a llorar. Este premio es el mejor reconocimiento que hubiera podido esperar alcanzar, tanto para mí como para mis queridos estudiantes.

Mirando hacia delante, sueño con ayudar a más y más personas a beneficiarse de esta herramienta mágica. Pretendo dedicarme a los mapas mentales y el futuro luce prometedor.

Espero que a estas alturas estés emocionado e intrigado por las posibilidades que los mapas mentales te pueden ofrecer en todos los aspectos de tu vida. Desde los humildes inicios dibujados en una hoja de papel tamaño 21 x 29 cm hasta los mapas mentales tan grandes que cubren laderas de montañas, literalmente no existe límite de adónde te pueden llevar los mapas mentales o sus aplicaciones.

6

El futuro del mapeo mental

¿Qué les deparará el futuro a los mapas mentales? Este capítulo analiza el mapa mental en la era digital y su potencial relación con la inteligencia artificial en vías de desarrollo. Considera el futuro del mapeo mental y cómo puede ayudarte a allanar el camino de tu propia vida.

¿Qué sigue?

El mapa mental está evolucionando. Esto no debería sorprender puesto que reproduce el proceso de pensamiento del cerebro humano, y el cerebro humano está, por supuesto, inevitablemente sujeto a los principios de la evolución.

En el Capítulo 1 vimos cómo el mapa mental encaja en la trayectoria de la historia, al asumir su lugar en una cadena de sucesos detonada por las marcas sin precedentes realizadas por los artistas de la Edad de Piedra miles de años atrás. Ahora podemos exteriorizar a mano los mapas mentales que existen biológicamente en nuestro interior, en la estructura misma de nuestro ser, en las conexiones de nuestras neuronas. Por medio del dibujo, la escritura y haciendo marcas, el mapa mental emergió del cerebro a la página.

No obstante, en nuestra época, para efectos prácticos el resultado parece estar cambiando de lo artesanal a lo generado por una computadora, y los investigadores ahora están estudiando las formas en las que nuestras mentes y los procesos mentales pueden verse afectados por los desarrollos de la tecnología moderna.

Me intriga ver adónde nos llevará el futuro, y descubrir qué papel desempeñará el mapeo mental en un mundo donde la inteligencia humana (IH) haga frente a las implicaciones de la inteligencia artificial (IA).

Volviéndonos digitales

Cuesta trabajo creer que hace ahora décadas cuando me uní a Chris Griffiths para crear el primer programa digital efectivo para el mapeo mental: el iMindMap. Chris, un destacado empresario que vendió su primera compañía a la tierna edad de 26 años, es el fundador de OpenGenius, la compañía que está detrás del iMindMap, que ahora es utilizado por casi un millón de personas en todo el mundo. Juntos encontramos un programa que refleja la naturaleza orgánica del cerebro y la manera en la que nuestros procesos de pensamiento interactúan al obedecer las leyes del mapeo mental.

Desafortunadamente, muchas otras aplicaciones y programas informáticos que afirman ser herramientas para el mapeo mental infringen la mayoría de las leyes. En estos casos, el programa con frecuencia genera mapas conceptuales en los que, por ejemplo, el empleo del color es opcional y hay muchas ideas "centrales"; o cierto número de palabras o frases se amontonan en cajas y se colocan a lo largo de las ramas. En esta especie de diagrama, las ramas no siempre están conectadas, diferenciadas u ordenadas jerárquicamente.

Siempre vale la pena revisar y comparar la matriz de las leyes del mapeo mental con la minimatriz del programa que pretende ser sobre mapeo mental. Si ambas no se corresponden, el programa no creará un verdadero mapa mental. Como hemos visto, las leyes del mapeo mental se basan en sólidos principios psicológicos, lo que significa que cuanto más se desvíe de ellos una persona, menos efectivo será el diagrama.

Los beneficios del mapeo mental digital

Al observar las leyes del mapeo mental, el programa iMindMap genera verdaderos mapas mentales, ya que crea las condiciones necesarias para el bien pensar, la creatividad y una excelente memoria. Se ha comprobado que el programa es una herramienta particularmente efectiva para la lluvia de ideas, la negociación, tomar minutas, crear presentaciones sobresalientes y desarrollar estrategias.

Los beneficios de los mapas mentales de computadora incluyen:

- **Pueden modificarse en donde sea necesario.**
- **Pueden respaldarse digitalmente.**
- **La claridad de sus imágenes los hace de fácil lectura.**
- **Pueden vincularse con otros medios audiovisuales.**
- **Facilitan el análisis posproceso (por ejemplo, al volver a las etapas).**
- **Son fáciles de generar mediante el uso de las herramientas de dibujo e íconos que proporciona.**

Uno de los incentivos innegables del mapeo mental digital es, por supuesto, la velocidad y facilidad con la cual se pueden compartir electrónicamente con los colegas documentos pulcros y útiles, e incluso con anotaciones suyas, lo que fomenta la colaboración entre equipos.

¿Qué sigue?

Al igual que sus homólogos humanos, iMindMap continúa evolucionando con el tiempo y la emergencia de nuevas tecnologías. Pero a pesar de todo su avance en años recientes, creo que estamos sólo al principio de la aventura digital del mapeo mental.

Las leyes de los robots *vs.* las leyes del mapeo mental

En 1950, el escritor de ciencia ficción estadounidense Isaac Asimov publicó una clarividente colección de historias cortas llamada *Yo, Robot*. En la historia de 1942 *Runaround*[*] introdujo las Tres leyes de la robótica: 1. Ningún robot causará daño a un ser humano o permitirá, con su inacción, que un ser humano resulte dañado. 2. Un robot debe obedecer las órdenes dadas por los seres humanos, excepto cuando estas órdenes entren en contradicción con la primera ley. 3. Un robot debe proteger su propia existencia, siempre y cuando esta protección no entre en contradicción con la primera y la segunda.

Actualmente hay algunas personas que argumentarían que hemos llegado a un punto en el que necesitamos empezar decididamente a establecer ciertas formas de leyes robóticas —elaborando una especie de Diez Mandamientos de la Inteligencia Artificial, si se quiere—. En un primer examen sus miedos podrían parecer justificados: en junio de 2017, Ahmed Elgammal, Bingchen Liu, Mohamed Elhoseiny y Marina Mazzone —investigadores del Laboratorio de Arte e Inteligencia Artificial de la Universidad Rutgers— publicaron un ensayo en el cual compartían hallazgos que daban qué pensar. El equipo había desarrollado un experimento en el que un sistema computacional nuevo generaba obras de arte totalmente novedosas.

* En español se traduzco como *Círculo vicioso*. (N. de la T.)

Estas piezas después se exhibieron en Art Basel 2016, y muchas personas las prefirieron frente al arte producido por humanos que también estaba en exhibición.

Si bien eso puede ser o no así, creo que tenemos un largo camino por delante antes de que la exageración que rodea a la IA se haga realidad, y me inclino más a convenir con el profesor Gary Marcus, psicólogo investigador estadounidense, cuyo trabajo se enfoca en el lenguaje, la biología y la mente. En un artículo publicado en el *New York Times* titulado "La inteligencia artificial está atascada. He aquí cómo seguir adelante" (29 de julio de 2017), observa que los sistemas de inteligencia artificial luchan en el mundo real, y asevera que necesitamos desarrollar un nuevo paradigma de IA en el cual el conocimiento "descendente" y "ascendente" se coloquen en un mismo nivel. Define el conocimiento ascendente como el tipo de información en bruto que obtenemos directamente de nuestros sentidos, en tanto que el conocimiento descendente involucra modelos cognitivos sobre cómo funciona el mundo. La IA en este momento trabaja principalmente con el conocimiento descendente, más que con estímulos sensoriales. Su argumento es que ambas formas de conocimiento necesitan ser integradas si los sistemas de IA se van a convertir en algo más que receptáculos pasivos de información. Hoy en día las computadoras no están conscientes de lo que hacen; carecen de una verdadera conciencia, así que en última instancia son sólo tan capaces como la habilidad de sus programadores. Al momento de escribir esto, carecen de conciencia cognitiva.

Mencioné antes que estoy intrigado de ver qué le depara el futuro al mapa mental. Mientras muchos creen que el mundo inevitablemente será rehén del inexorable ascenso de la IA (piénsese en todas esas películas de *Terminator*), aún tengo que ser convencido de que los robots se pueden acercar a la bella complejidad orgánica del cerebro humano. Ya hemos desarrollado un habilidoso programa de mapas mentales que se puede emplear para hacer presentaciones espectaculares, pero todavía no hemos desarrollado una IA que pueda por sí misma hacer mapas mentales empleando la asociación y la imaginación de forma coherente —por no hablar de hacerlo estando consciente del hecho de que eso es lo que está haciendo—. Hoy en día, incluso los supuestos "súper robots" carecen de la habilidad para discriminar o están propensos a darse de bruces cuando no ven un escalón.

Más que crear nuevas leyes robóticas, me gustaría ver el desarrollo de una IA que sea capaz de dominar conscientemente las leyes del mapeo mental, pues creo que eso es algo que representaría un verdadero desafío y, si se consiguiera, un logro increíble. Como hemos visto, por medio del empleo de la imaginación, de la lógica, de la asociación y de la interpretación individual del mundo, las leyes del mapeo mental están inextricablemente entrelazadas con los principios fundamentales del pensar bien. A pesar de que hemos realizado avances significativos con el iMindMap, y éste será cada vez más fuerte, aún tengo que conocer un robot que pueda crear un mapa mental independientemente de la participación humana.

> **Creo sinceramente que la habilidad para crear un mapa mental funcionará como la máxima prueba de inteligencia en un ser robótico.**

Una conversación provocadora

Mis conversaciones con el maestro polaco de mapeo mental Marek Kasperski siempre me dejan sintiéndome inspirado y emocionado sobre las posibilidades de esta herramienta de pensamiento fundamental. Hace poco estábamos platicando sobre mapeo mental digital e IA, y Marek me sorprendió con una revelación.

—Cuando vi por primera vez iMindMap me gustó mucho, pero para ser honesto lo encontré deficiente —confesó—. Los principios son excelentes, pero el programa para el mapa mental por sí sólo es bidimensional, muy plano. No muchas cosas en nuestro mundo son planas; todo es tridimensional.

Entendía su idea.

Marek continuó:

—Empecé a pensar en un tema central que fuera como sostener el cerebro de alguien. Es una cosa tridimensional: puedo girar en torno a él y verlo desde cada ángulo diferente. Después imaginé las ramas de los temas principales surgiendo de él como bucles. No en una forma bidimensional, como en un iMindMap, sino tridimensional. Así que me encantaría ver un programa de computadora en tercera dimensión, en el que puedas girar el mapa mental. Serían como llamaradas provenientes del sol. No se mueven en una sola dirección; se dirigen hacia ti; se alejan de ti. Si pudieras darle la vuelta podrías ver este hermoso mapa mental en tercera dimensión, como el ajedrez tridimensional, escalonado, que juega Spock en *Viaje a las estrellas*.

Continuó compartiendo conmigo sus ideas sobre los beneficios de desarrollar totalmente un programa para mapas mentales en tercera dimensión que pudiera utilizarse en una pantalla o en una tableta, y que pudiera girarse con el dedo, para ayudarte a comprender su potencial espacial, con sus diferentes ramas brotando es una esfera de 360 grados.

Ahora estamos en proceso de perfeccionamiento del programa iMind-Map en tercera dimensión, y las oportunidades son ilimitadas.

La IA en sí con frecuencia se aborda como un juego de números; ciertamente cifras grandes. Incluso algo tan aparentemente sencillo como un juego de ajedrez puede entrañar 10 a la 70 potencia de posibles movimientos (lo que arroja una cifra de 10 con 70 ceros adelante), razón por la cual a IBM le llevó décadas y miles de millones de dólares desarrollar una supercomputadora llamada Deep Blue que fue capaz de derrotar al entonces campeón de ajedrez Gary Kaspárov, en 1997.

Un desafío adicional para la IA llegó en la forma de la estrategia abstracta del juego de mesa Go. Muchos integrantes de la comunidad robótica creían que la IA no podría dominar el Go, ya que este juego tiene 10 a la 170 potencia de posibles movimientos. La complejidad es fenomenal. Sin embargo, el investigador británico en IA Dennis Hassabis estaba decidido a enfrentar el problema. Además de investigador, neurocientífico y diseñador de juegos de computadora, es cartógrafo mental y dos veces ganador del Decamentatlón, un evento multidisciplinario de deportes mentales. También es cofundador de DeepMind, una compañía dedicada a ensanchar las fronteras de las tecnologías de la IA. Y, a pesar de que se llevó tiempo, con el respaldo del gigante de Internet Google, DeepMind logró desarrollar un programa de IA llamado AlphaGo que en 2014 demostró ser capaz de vencer al campeón mundial de Go.

Como la IA ha derrotado a dos de los mejores atletas en el campo de los deportes mentales, hay quienes creen que está cerca de superarnos. Pero pensemos de nuevo por un momento en esos juegos de números. Un mapa mental irradia ramas (IBO) de su centro. De cada rama principal surgen más ramas, y de cada una de esas ramas potencialmente hay más ramas que aparecen … La pregunta es, en teoría, cuántas posibles ramas pueden brotar de cualquier otra rama —y la respuesta, por supuesto, se extiende hasta el infinito—. Incluso en dos dimensiones, el alcance potencial de un mapa mental es incalculable.

Así que, en lugar de concentrarnos en desarrollar un programa de mapeo mental, podemos considerar la otra cara de la moneda. En lugar de emplear tecnologías digitales para impulsar los parámetros del mapeo mental, éste puede demostrar ser una forma de impulsar el potencial de la IA en sí misma.

Durante mi conversación con Marek le confesé mi visión del futuro del mapeo mental, que supone establecer un premio multimillonario para un nuevo programa de IA, de la misma manera que ha habido premios para el desarrollo de la IA en deportes mentales como el ajedrez.

Patrocinado por pioneros en IA, al igual que Deep Blue fue creado por IBM y Deep Mind fue financiado por Google, este premio se otorgaría al primer programa de IA, o a la supercomputadora que cumpliera con las leyes del mapeo mental para crear su propio mapa mental. Además de lo anterior, el programa sería capaz de reproducir la forma en la que los humanos pueden dominar y aplicar el mapeo mental en forma práctica. Este revolucionario programa podría:

- **Crear cientos de mapas mentales de diversas formas empleando diferentes imágenes.**
- **Entender los mapas mentales que genera.**
- **Demostrar que puede pensar.**
- **Comunicar las ideas plasmadas en el mapa mental, expresándolas en diferentes idiomas, o utilizando otras palabras que dirijan la inteligencia auditiva al mismo objetivo, de la misma manera en que un cartógrafo mental puede comunicar información captada en la forma de un mapa mental.**

- **Expresar las ideas del mapa mental traduciéndolas en arte, escultura o música, de la misma forma en que una persona real puede usar los mapas mentales para estimular sus logros creativos.**

Al escuchar lo anterior, Marek sonrió y me recordó que, en esta etapa de la historia de la IA, incluso un robot presuntamente sofisticado es fundamentalmente un artefacto que imita otras cosas, de tal manera que te convence de que está pensando por sí mismo, aunque no lo esté haciendo. Es simplemente una unidad que procesa números binarios: unos y ceros, "sí" y "no", uno u otro. Pero no está pensando: está reaccionando y calculando —pero no pensando—. Tampoco está sintiendo.

Estuve de acuerdo con las observaciones de Marek y señalé que, después de perder frente a Deep Blue, Gary Kaspárov comentó que, más que sentirse desconcertado por el resultado, estaba apenado por el hecho de que la pobre máquina había derrotado al jugador de ajedrez más grande del mundo, pero no tenía ni la más leve idea de lo que estaba haciendo e incluso ni siquiera sabía que había ganado.

Ni podía hacer lo que él, entonces campeón mundial, haría más tarde: Deep Blue nunca disfrutaría de una rica comida, escucharía su entorno, reiría, lloraría y recordaría viejos tiempos, mientras que al mismo tiempo evocaría todos los movimientos del juego. A diferencia de él, no había vivido cada milésima de segundo del juego.

Tal como se plantea la situación, parece que el elemento humano seguirá siendo un componente esencial del mapeo mental para un futuro previsible. Pero si éste se pudiera utilizar para el desarrollo práctico de la IA —como un medio de extenderla, desafiarla y desarrollarla—, imagina lo maravilloso que sería. Y si el mapeo mental pudiera hacer eso por la IA, sólo imagina de qué maneras sorprendentes podría ayudar para mejorar tu propia vida. Como ser humano eres una superbiocomputadora y tu potencial es increíble.

Tu futuro

Cuando mi libro *Use your Head* [Usa tu cabeza] fue publicado por primera vez por la BBC, me mandaron llamar de la editorial. Mi editor me recibió con una sonrisa apenada. "Tengo que hacerte una confesión: tu libro parece desaparecer de los estantes más que ningún otro. No sólo *Use your Head* se está vendiendo como pan caliente, ¡sino que los ejemplares se desvanecen en el aire tan pronto llegan de la bodega!".

Me reí. Estaba encantado ante la idea de que mi libro estuviera "desapareciendo", y que empleados deseosos de aprender a usar sus cabezas y mejorar el poder de sus cerebros se estuvieran llevando ejemplares a sus casas.

Sin embargo, con los años otros se han apropiado indebidamente del mapeo mental en formas que no siempre han sido tan benévolas. Al ser testigo del mal uso y la tergiversación del mapa mental, a veces he sentido como si viajara en una diligencia que hubiera sido secuestrada por un salteador de caminos, y viera cómo éste se lleva un valioso tesoro y lo entierra en el bosque, donde no puede beneficiar a nadie.

Mi primera preocupación —y una de las motivaciones para escribir este libro— es asegurar que la integridad de esta maravillosa herramienta de pensamiento no se pierda o se ponga en riesgo, y que siga ayudando a más millones de personas en todo el mundo hoy y en el futuro. Después de haber dedicado mi vida adulta a la enseñanza y de compartir el mapa mental, mi deseo es que este libro le demuestre a todo el mundo lo que verdaderamente es un mapa mental, cómo evolucionó y cómo nos puede ayudar individualmente; y que refuerce el hecho de que las leyes tienen un propósito y están ahí por una razón, porque son parte integrante del pensar bien.

Cualesquiera que sean tus circunstancias, los desafíos que enfrentes, o tus esperanzas y ambiciones, en este libro encontrarás técnicas e ideas que te permitirán convertirte en un verdadero maestro del mapa mental. Creo sinceramente que, una vez que hayas hecho los ejercicios de este libro y trabajado para dominar el arte del mapeo mental, estarás en el camino correcto para dominar el arte de la vida misma.

Lánzate a la siguiente etapa de tu aventura en el mapeo mental ahora mismo creando un mapa sobre "Cambia tu vida". En él, recurre a todas las habilidades del mapeo mental que has adquirido hasta el momento para ir más allá de tus circunstancias presentes, expresar tus sueños y descubrir nuevas y emocionantes formas de realizarlos. Una vez que empieces, sé que no habrá nada que te detenga.

Sólo me queda desearte todo el éxito y la felicidad con la herramienta de pensamiento más poderosa del universo.

¡Bienvenido a la familia mundial del mapeo mental!

Fuentes

Tony Buzan, inventor del mapeo mental

www.tonybuzan.com

Bienvenidos al mundo de Tony Buzan. Tony Buzan es el inventor de los mapas mentales —la herramienta de pensamiento más poderosa de nuestro tiempo—. Descubre más sobre el mismo Tony y los poderes de transformación del mapeo mental, la memoria y la lectura rápida, entre otros útiles recursos.

iMindMap

www.imindmap.com

iMindMap es el primer programa para mapeo mental, lluvia de ideas y planeación de proyectos. Te permite trabajar creativamente mediante cinco vistas que incluyen Fast Capture View, Brainstorm View, Mind Map View y Time Map View, las que te ayudan a capturar, organizar, desarrollar, poner en acción y presentar tus ideas. Organizaciones líderes como Disney, BBC, Nasa, Intel y Microsoft emplean este programa.

Campeonatos Mundiales de Memoria

www.worldmemorychampionships.com

Fueron creados por Tony Buzan y Raymond Keene, Oficial de la Orden del Imperio Británico, en 1991, cuando se organizó el primer Campeonato Mundial de Memoria, que es un esquema común que ha permitido que se desarrollen competencias internaciones en el campo de los deportes de memoria. Se basa en las diez disciplinas de memoria.

Consejo Mundial de Mapeo Mental

www.worldmindmappingcouncil.com

Fue fundado por Phil Chambers y Tony Buzan. El Consejo Mundial de Mapeo Mental se dedica a promover la enseñanza del mapeo mental en todo el mundo y a promover la vía de la alfabetización mundial.

Referencias

Collins, Allan y M. Ross Quillian. "Retrieval Time From Semantic Memory", en *Journal of Verbal Learning and Verbal Behavior*, Elsevier, vol. 8, 1969.

Elgammal, Ahmed, Bingchen Lliu, Mohamed Elhoseiny y Marian Mazzone. "CAN: Creative Adversarial Networks, Generating 'Art' by Learning About Styles and Deviating from Style Norms" (disponible en línea), junio de 2017.

Farrand, Paul, Fearzana Hussain y Enid Hennessy. "The Efficacy of the 'Mind Map' Study Technique" (disponible en línea), 2002.

Haber, Paul. "How We Remember What We See", *Scientific American*, mayo de 1970.

Huba, George. *Mind Mappping, Cognitive Impairment, and Dementia (Huba's Bolero)* (disponible en línea), 2015.

Marcus, Gary. "Artificial Intelligence is Stuck. Here's How to Move it Forward", *The New York Times*, 29 de julio de 2017.

Restorff, Hedwig von. "The Effects of Field Formation in the Traca Field", 1933.

Toi, H. "Research on How Mind Maps Improves Memory", ponencia presentada en la Conferencia Internacional sobre Pensamiento, Kuala Lumpur, 2009.

Agradecimientos

Gracias a Sue Lascelles por su valiosa colaboración para hacer posible este libro.

Gracias también a los siguientes cartógrafos mentales y fototecas por su autorización para reproducir su material. Se ha hecho todo lo posible por localizar a los titulares de los derechos. Sin embargo, si se da el caso de que hayamos omitido a alguno, ofrecemos nuestras disculpas e informamos que haremos las correcciones pertinentes en una edición futura. Todos los mapas mentales son propiedad intelectual de sus creadores, como se especifica a continuación:

Página 26 Shutterstock; **página 35** Shutterstock; **página 37** Shutterstock; **página 41** Shutterstock; **página 42** (superior) Shutterstock; **página 42** (inferior) Shutterstock; **página 43** Shutterstock; **página 44** (inferior) Alamy; **página 50** Shutterstock; **página 122** Shutterstock; **página 123** Shutterstock; **página 124** (superior) Shutterstock; **página 124** (inferior) Shutterstock; **página 125** Shutterstock; **página 102** mapa mental de Marek Kasperski; **página 109** mapa mental de Phil Chambers; **página 128** mapa mental de Richard Lin; **página 154** mapa mental de Dominic O'Brien; **página 168** mapa mental de Maneesh Dutt; **página 169** Manahel Thabet; **página 170** Manahel Thabet; **página 173** mapa mental de Raymond Keene; **página 187** mapa mental de Liu Yan.